W0056137

Erwachsenwerden hinter Gittern

Buchreihe des Sächsischen Landesbeauftragten
zur Aufarbeitung der SED-Diktatur

Band 19

Falk Mrázek

Erwachsenwerden hinter Gittern

Als Teenager im DDR-Knast

EVANGELISCHE VERLAGSANSTALT
Leipzig

Bibliografische Information der Deutschen Nationalbibliothek:
Die Deutsche Nationalbibliothek verzeichnet diese Publikation in der
Deutschen Nationalbibliografie; detaillierte bibliografische Daten
sind im Internet über http://dnb.dnb.de abrufbar.

© 2020 by Evangelische Verlagsanstalt GmbH · Leipzig
Printed in Germany

Das Buch wurde auf alterungsbeständigem Papier gedruckt.

Covergestaltung: Friedrich Lux, Halle/Saale
Coverbild: Falk Mrázek
Satz: laut wie leise, Halle/Saale
Druck und Binden: Elbe Druckerei Wittenberg GmbH

ISBN 978-3-374-06549-3
www.eva-leipzig.de

Für meine Eltern, die mich zu dem Menschen erzogen, der ich bin, und für meine Frau, Irene, die mich dafür liebt.

Und für Volker Bausch (†), ohne den dieses Buch nie entstanden wäre.

Vorwort

Im Rückblick auf die DDR-Vergangenheit – sei es in der Literatur, im Film und vor allem in privaten Erzählungen – scheint der DDR-Alltag, den jedermann erlebte, abgekoppelt zu sein von der politischen Verfolgung einiger weniger und losgelöst von deren z. T. dramatischen Erinnerungen. Es sind gesonderte Erzählungen, die oft nichts miteinander zu tun haben, zuweilen sogar gegeneinander ausgespielt werden. Das häufig vorgebrachte »Ich hatte nichts auszustehen in der DDR ...« impliziert indirekt, dass diejenigen, die etwas auszustehen hatten, selbst schuld daran waren. Es ist ein unausgesprochener Subtext, der es den Haftopfern schwermacht, über die eigenen Erfahrungen zu sprechen, denn wer möchte schon gern als »Knastbruder« gelten, wenn unterschwellig Einvernehmen darin besteht, dass man auch in der DDR nicht ohne Grund ins Gefängnis kam. Auch deshalb scheinen sich die Opfergeschichten mehr und mehr von den Erinnerungen der Mehrheitsgesellschaft zu entfernen.

Aber was sind DIE Alltagserfahrungen?

Als uns das Manuskript von Falk Mrázek erreichte, lernten wir ein Schicksal kennen, dass auf eindrückliche Weise zeigte, wie sehr Alltag und Repression in der DDR miteinander verwoben waren. Das Besondere war hier der Ort des Geschehens. Das jugendlich wache Erkunden der Unterdrückungsmechanismen und das Aufbäumen gegen die Enge in der DDR fanden nicht in Berlin, Leipzig oder Jena statt, sondern in Bischofswerda, einer Kleinstadt in der Lausitz, irgendwo zwischen Dresden und Bautzen. Die ČSSR lag näher als Dresden. Hier besuchte Falk Mrázek die Schule, hier hatte er Freunde, hier spielte er Fußball und hier ging er in die Disco.

Der Sächsische Landesbeauftragte zur Aufarbeitung der SED-Diktatur interessiert sich für Schicksale nicht nur aus Dresden und Leipzig, sondern aus ganz Sachsen. Oft sind diese zu wenig bekannt. Doch auch oder gerade in der Provinz gab es viel Mut und Zivilcourage, um gegen Bevormundung und für Freiheitsrechte einzutreten. Vor vier Jahren nahm der

Journalist Jens Ostrowski in einer Artikelserie für die *Sächsische Zeitung* die Stadt Riesa unter die Lupe und zeigte in 33 Porträts widerständiges Verhalten in der Stahlwerker-Stadt. Karl-Heinz Nitschke, der mit seiner »Petition zur vollen Erlangung der Menschenrechte« im Jahr 1979 den ersten Massenprotest von Ausreiseantragstellern in der Geschichte der DDR organisiert hatte, war einer von ihnen. Diese Einzelschicksale gilt es vorzustellen, denn sie sind Mosaiksteine, die das Bild der DDR komplexer und vielgestaltiger machen.

Falk Mrázek ist einer von ihnen. Mit zunehmendem Alter nimmt er die Kluft zwischen dem in der Schule propagierten Idealbild vom Sozialismus und dem, was er täglich sieht, stärker wahr. Aber nicht nur das. Er geht dem bewusst nach, sucht nach Wahrheit. In der 9. Klasse entwickelt er eine morgendliche Routine. Beim Frühstück liest er die *Sächsische Zeitung*, das Zentralorgan der SED, und die *Junge Welt*, die Zeitung der FDJ. Anschließend hört er im Deutschlandfunk den »Blick in Ostberliner Zeitungen«, eine Sendung, die die DDR-Artikel kommentierte und politisch einordnete. »Danach machte ich mich auf den Weg zur Schule, informiert von zwei Seiten, der ostdeutschen und der westdeutschen.« Die gesamte Familie väterlicherseits lebt im Westen. Der Austausch mit den Verwandten ist rege. Dem Jugendlichen kommen Fragen, die er nicht nur mit sich aushandeln, sondern in der Schule, in der Öffentlichkeit, behandelt wissen will. Die Abwehr, die ihm entgegenschlägt, ist groß, vor allem nachdem seine Eltern einen Ausreiseantrag gestellt haben. Die Erfahrung, trotz bester Noten aller Entwicklungsmöglichkeiten beraubt zu werden, weil die Gesinnung nicht stimmt, wird für Falk Mrázek zu einer Grunderfahrung in der DDR und zur Motivation, sich entschieden von diesem System abzuwenden und ihm so schnell wie möglich zu entfliehen.

Das Buch taucht ein in den Gedankenkosmos eines damals 17-Jährigen, der unbedingt raus will aus der DDR, der provoziert. Am Brandenburger Tor schlüpft er durch die Absperrung, geht auf einen Grenzer zu, um schneller in den Westen zu kommen. Das Besondere am Text ist die Perspektive. Hier meldet sich kein abgeklärter Bürgerrechtler, der seit Jahren in oppositionellen Gruppen unterwegs ist, zu Wort, sondern ein Teenager, der sich jugendlich entrüstet, der sich in seinem Freiheitsdrang und seinem Rechtsempfinden beschnitten fühlt und dagegen etwas unternimmt.

Doch was auf die Provokation an der Mauer folgt, sprengt die Vorstellungskraft des Jugendlichen. Er wird wegen versuchter Republikflucht zu 14 Monaten Haft verurteilt und erlebt eine Odyssee durch verschiedene Haftanstalten, immer in der Ungewissheit, was passieren wird. Endpunkt dieser Odyssee ist das Haftarbeitslager im *Chemiekombinat Bitterfeld*, wo Falk Mrázek unter unvorstellbaren Bedingungen Zwangsarbeit verrichten muss. Schwere Verletzungen gehören zum Arbeitsalltag. Eine Brandkatastrophe endet fast im Fiasko. Täglich ist er in Sorge, diese Hölle nicht zu überleben. »Ich fühlte mich wie im Bauch eines riesigen Monsters. Es hatte mich verschlungen. Nun brauchte es mich nur noch zu verdauen. In diesem Schreckensmoment ging ich fest davon aus, dass ich diesen Ort nicht mehr lebend verlassen würde.«

Wir Leser gewinnen hier Einblicke in eine Arbeitswelt, die für die meisten DDR-Bürger ganz bewusst verschlossen blieb. Detailreich beschreibt Falk Mrázek den veralteten Maschinenpark, die Arbeitsabläufe an der Aluminiumpresse oder die unsäglichen Bedingungen in der Chlorchemie. Im Rückblick wird oft vergessen, dass im Chemiekombinat nicht nur Strafgefangene arbeiteten. Auch zivile Angestellte waren den gefährlichen und gesundheitsschädlichen Bedingungen ausgesetzt. Und auch hier begegnen sich Alltag und Repression auf eine besondere Weise.

Das Buch besticht durch die lebendige Beschreibung kleiner Details und die unverstellt frische Wiedergabe des damals Erlebten. So kann der Leser vielleicht besser als durch manch anderes Sachbuch nachempfinden, wie es sich für einen Jugendlichen anfühlte, ins Räderwerk staatlicher Repression geraten zu sein. Es sind Sätze, wie folgende, die das damalige Erleben sinnlich wiedergeben, es verlebendigen und so eine Vorstellung des Unvorstellbaren möglich machen. »Das

Straflager war wie ein großer Organismus. Dieser fraß mich durch seine unerbittliche Routine langsam auf, er inhalierte mich, machte mich von Tag zu Tag mehr zu einem Teil von sich. Jeden Tag die immer gleichen Abläufe. Ich fühlte mich mutlos. Machtlos. Schutzlos. Ausgeliefert diesem Räderwerk. Es mahlte langsam und unerbittlich. Ich kämpfte jeden Tag darum, dass von mir noch etwas übrigblieb.«

Das Buch zeigt die Innensicht eines Heranwachsenden, die Gedankenachterbahn eines minderjährigen Strafgefangenen und seine Strategien, mit dieser Extremsituation umzugehen. Es ist eine schonungslose Sicht, die den Leser unmittelbar in die Vergangenheit mitnimmt. »Es ist diese Mischung aus Naivität, Schalkhaftigkeit, die sehr rasch in eine erstaunliche Handlungsentschlossenheit mündet. Das Buch wird sehr schnell dramatisch und spektakulär, dennoch sind die Wege dorthin wichtig, weil sie viele kleine Vertrautheiten mit Menschen zeigen, deren Leben unauffälliger verlaufen ist«, resümiert Lutz Rathenow das Gelesene.

Das Buch ist aber mehr als nur eine Momentaufnahme, es ist auch eine kluge Reflexion über diese schwierige Zeit, eine Annäherung daran, Jahrzehnte später. Überlebensstrategien, die leicht ins Vergessen geraten, erhalten so ihren Platz. Eine dieser Bewältigungsstrategien, die ich bei der Lektüre kennengelernt habe, war das Lachen. So schreibt Falk Mrázek: »Dabei fiel mir auf, dass ich während meiner Haftzeit erstaunlich viel gelacht hatte. Es war allerdings kein fröhliches oder glückliches Lachen gewesen, es hatte vielmehr etwas Subversives. Wir machten uns über das Wachpersonal lustig, vor dem wir natürlich auch Angst hatten, weil es für mich wie für alle Strafgefangenen eine Bedrohung darstellte. Aber dieses Lachen überwand meine und unsere Angst. Es brach deren Macht über uns in diesen Momenten. Es brachte für einige Augenblicke Licht ins Dunkel. Wenn mir Verzweiflung, Einsamkeit und Hoffnungslosigkeit bis zum Hals standen, dann war das Lachen wie eine Insel, auf die ich mich retten konnte, nicht für lange, aber immerhin. Es war ein Insel-Lachen, ein Rettungslachen. Es rettete vor allen Dingen mich selbst davor, an den gnadenlosen Bedingungen des DDR-Strafvollzugs zu zerbrechen.«

Obwohl Falk Mrázek und seine Eltern über Jahre ständig mit verschiedenen DDR-Behörden zu tun hatten und intensiv von der Staatssicherheit beobachtet wurden, gibt es bis auf eine Karteikarte keine Stasi-Akten zu seiner Person und dem Vorgang.

Doch hat es die Geschichte nicht gegeben, nur weil die Akten fehlen?

Das Buch zeigt das Gegenteil. Auf erfrischende Weise wird einmal mehr deutlich, dass Erinnerung sich aus vielen Speichern speist. Neben den zu Papier gebrachten Gedanken im Kopf sind es Briefe, Fotos, Zeitungsauschnitte oder Zeugnisse. Vieles von dem, was Falk Mrázek bis heute in seinem Privatarchiv gehütet hat, ist in dieses Buch eingeflossen. Dies war uns wichtig, weil es die Komplexität der Geschichte besser einfängt als eine einseitige Fokussierung auf Stasi-Dokumente. Gerade die Briefe der Freunde zeigen, wie außerhalb der Gefängnismauern gedacht wurde. Dass Falk Mrázek das alles bis heute aufbewahrt hat, und der »Geschichtsballast« sogar den Umzug nach Amerika überlebt hat, zeigt, wie wichtig diese Erinnerungsstücke sind.

Ich danke Falk Mrázek, dass er sich auf den Weg gemacht hat, seine Geschichte niederzuschreiben. Volker Bausch, der den Anstoß dazu gegeben hat, wäre stolz, das Buch in den Händen zu halten. Auch danke ich Dr. Steffi Lehmann vom *Lern- und Gedenkort Kaßberg e. V.* für ihre tatkräftige Unterstützung und allen anderen, die im Hintergrund mitgewirkt haben.

Ich wünsche dem Buch viele interessierte Leser und würde mich freuen, wenn es zu mehr zivilcouragierter Wachheit im Alltag beiträgt, denn Demokratie lebt von Widerspruch und dem Sich-Einbringen.

Dr. Nancy Aris
Stellvertretende Sächsische Landesbeauftragte

Inhaltsverzeichnis

Warum dieses Buch?

Die folgende Geschichte trage ich seit 40 Jahren in mir. Sie ist Teil meiner Biografie. Sie hat mich tief geprägt – bis heute. Und sie wird es wohl auch bis zu meinem Lebensende weiter tun. Diese Geschichte hat sich zugetragen im Kalten Krieg, mitten in Europa, mitten in Deutschland, als es noch gespalten war in einen demokratisch-freiheitlichen Teil im Westen, die Bundesrepublik Deutschland, und einen etwas kleineren, totalitär-sozialistischen Teil im Osten, die Deutsche Demokratische Republik. Diese beiden Teile Deutschlands waren fest eingebettet in die beiden politischen Blöcke, die sich im Kalten Krieg bis an die Zähne bewaffnet militärisch und ideologisch feindlich gegenüberstanden. Diese politische Weltlage war eine Folge des Zweiten Weltkriegs, den das nationalsozialistische Deutschland ausgelöst und am Ende verloren hatte. Mit der Kapitulation Deutschlands im Mai 1945 endete der Heiße Krieg in Europa, wurde aber schon bald vom Kalten Krieg abgelöst. Fünfzehn Jahre später wurde ich 1960 mitten in diesem Kalten Krieg in die sozialistische DDR hineingeboren. Dort musste ich auch aufwachsen, nachdem sich die DDR im August 1961 mit dem Bau der Berliner Mauer ganz und gar von der demokratisch-freiheitlichen Welt abgeschottet hatte.

Meine Geschichte trug sich in den 60er und 70er Jahren des 20. Jahrhunderts in dieser DDR zu. Dort, wo ich zwar nicht leben wollte, aber bis zu meinem Lebensende gezwungen sein würde zu leben. So sah es jedenfalls zunächst aus, denn das DDR-Regime ließ ihre Bürger nur in Ausnahmefällen ins kapitalistische Ausland reisen, aus Angst, sie könnten nicht mehr zurückkehren ins sozialistische Arbeiter- und Bauernparadies, als das sich die DDR selbst sah.

Diese DDR verkaufte auch Menschen an den sogenannten Klassenfeind im Westen. Sie wollte sich so von politisch unbequemen Zeitgenossen trennen und brauchte westliche Devisen, um ihre marode Wirtschaft zu sanieren und damit das politische Regime zu stützen. Mehr als 33.000 politische Gefangene wurden im »Rahmen der besonderen humanitären Bemühungen der Bundesrepublik« dem sogenannten »Häftlingsfreikauf« von der DDR an den Westen lukrativ »entsorgt«.

Einer davon war ich. Und einer der allerjüngsten, vielleicht sogar der jüngste politische Häftling überhaupt, der je freigekauft wurde. Zum Zeitpunkt meines Freikaufs war ich gerade achtzehn Jahre alt. Als ich Freunden und Bekannten von meinen Erlebnissen im DDR-Knast erzählte, rieten sie mir, ich solle das aufschreiben. Aber ich fand lange nicht die Kraft dazu.

Die Entscheidung, dieses Buch zu schreiben, fiel für mich im Mai 2017. Ich war zur Museumsnacht in das ehemalige Stasi-Gefängnis auf den Kaßberg in Chemnitz (früher Karl-Marx-Stadt) eingeladen worden. Das war das Gefängnis, über das die DDR nahezu alle Gefangenenfreikäufe abwickelte. Auch ich saß dort bis zu meinem Freikauf ein. Heute entsteht an diesem Ort eine Gedenkstätte. Sie wurde initiiert vom *Verein Lern- und Gedenkort Kaßberg e. V.* Volker Bausch, Mitglied des Vereins, lud mich nach Chemnitz ein. Wir hatten uns in den USA kennengelernt, wo ich mit meiner Frau in der Nähe von Denver lebte.

Bei der Museumsnacht 2017 kehrte ich nach 38 Jahren zum ersten Mal an diesen schicksalhaften Ort zurück. Ich sollte als Zeitzeuge sprechen und war überrascht vom riesigen Besucherandrang und dem großen Interesse gerade junger Leute, die offenbar wenig über diese Zeit und diese Seite der DDR wussten. In den Einzelgesprächen wurde mir klar, dass die DDR im Rückblick zunehmend verharmlost und idealisiert wird. Günter Grass nannte sie in völliger Verkennung der Realität »kommode Diktatur«. Das Regime schoss an seiner Westgrenze gnadenlos auf Menschen, die diesen diktatorischen Staat und dessen sozialistisches System nicht mehr länger ertrugen und weg wollten, in Richtung Demokratie und Freiheit. Viele dieser Menschen zahlten dafür einen hohen Preis, kamen dabei ums Leben, wurden schwer verletzt oder verkrüppelt.

Foto: Steffi Lehmann

Das Foto mit Volker Bausch (li.) vor meiner damaligen Zelle entstand im Mai 2017 bei meinem ersten Besuch auf dem Kaßberg. Ohne Volker Bausch wäre dieses Buch wohl nicht entstanden. Seine Frau Michaela erzählte mir bei unserer ersten Begegnung, dass sie direkt neben dem Kaßberg-Gefängnis zur Schule gegangen war, genau zu jener Zeit, als ich dort einsaß. Bis zu unserem Treffen hatte sie noch nie einen der Insassen getroffen. Volker Bauschs Tod im Juni 2019 hat mich tief bewegt. Dieses Buch erinnert auch an ihn und unsere damalige Begegnung.

Die DDR wird stattdessen in der Erinnerung nicht selten auf beliebte Märchenfiguren des DDR-Kinderfernsehens wie das Sandmännchen und Pittiplatsch oder Herr Fuchs und Frau Elster reduziert. Die dunkle Seite dieses Staates wird dabei meist ausgeblendet. Mit meinem Buch möchte ich, dass sich die Menschen erinnern und erfahren: Die DDR war ein sozialistisches System. Brutal, totalitär und gnadenlos gegenüber ihren Opponenten und jedem, den sie dafür hielt. Sie war nicht nur Sandmännchen und Pittiplatsch …

Das ist meine Geschichte und die einer wunderbaren Freundschaft.

Falk Mrázek
Im April 2019

Prolog

Rumms.

Krachend fiel die schwere Zellentür hinter mir ins Schloss, gefolgt vom metallischen Rasseln des Schlüsselbundes, mit dem der Schließer die Tür verriegelte. Dieses Geräusch gehörte seit einem dreiviertel Jahr zu meinem Gefängnisalltag. Bis heute habe ich es im Ohr.

Und … ich hatte keine Ahnung, wo ich mich befand.

Ich stand in einem drei mal vier Meter großen Raum. Vier Holzpritschen zum Schlafen, WC, Waschbecken und fließend Wasser. Es roch nach Bohnerwachs und irgendeinem Desinfektionsmittel. Diffuses Licht fiel durch ein kleines Fenster. Das war aus Glasbausteinen und befand sich oberhalb der Wand direkt gegenüber der Tür. An der Decke brannte eine Glühbirne hinter einem Drahtgitter. Ich teilte mir den Raum mit drei weiteren Zellengenossen. Die hatten auch keine Ahnung, wo wir uns befanden. Ich wusste nur, dass ich in einer Gefängniszelle festsaß und heute der 7. Juni 1979 war. Natürlich spekulierten wir darüber, wo wir denn jetzt seien und warum. Alle Vier waren wir »Politische«. Das hieß, wir waren in der DDR nach dem berüchtigten Paragrafen 213 des Strafgesetzbuches der DDR, also wegen versuchter Republikflucht, verurteilt worden, oder lagen auf andere Weise mit der DDR und deren politischen Verhältnissen juristisch quer.

Wir erkundigten uns beim Wachpersonal, als es uns das Essen brachte.

Doch auf die Frage, wo wir seien, kam nur die mürrische Antwort: »Das werdet ihr noch früh genug erfahren.«

»Wie lange müssen wir denn hierbleiben?«

Antwort: »Wann sind denn eure Entlassungstermine?«

Ich hatte zu diesem Zeitpunkt noch rund fünfeinhalb von 14 Monaten Freiheitsstrafe abzusitzen. Die Aussicht, die restliche Zeit in diesem engen Loch zu verbringen, stimmte mich nicht gerade euphorisch.

Einer meiner Mitgefangenen vermutete, wir könnten eventuell im Stasi-Knast von Karl-Marx-Stadt sein. Dieses

Gefängnis war damals in der DDR legendär und einer der geheimnisumwittertsten Orte. Angeblich sollten von dort Gefangene, die wegen eines politischen Delikts verurteilt worden waren, gegen harte Devisen an den Westen verkauft werden. Offiziell gab es diesen Freikauf nicht, weder im Osten noch im Westen. Es war eines der am strengsten gehüteten Geheimnisse. Doch hinter vorgehaltener Hand wurde darüber auch in der DDR gemunkelt. Auch ich hatte natürlich davon gehört und träumte davon, zu den zu gehören, die es dorthin schaffen würden.

Sollte ich nun tatsächlich dort gelandet sein? Im Gefängnis, das ironischerweise die Freiheit bedeutete? Bis zuletzt war ich mir nicht sicher, ob ich nun an diesem legendären Ort war, auch meine Zellengenossen nicht.

Die Schlussakte von Helsinki und ein Zauberwort

Meine Eltern hatten im November 1975 für sich, mich und meinen jüngeren Bruder einen Antrag auf Entlassung aus der Staatsbürgerschaft der Deutschen Demokratischen Republik und auf Familienzusammenführung mit unseren Angehörigen in der Bundesrepublik Deutschland gestellt. Die Mutter meines Vaters lebte in der Nähe von Stuttgart, seine beiden älteren Brüder in Köln und Westberlin.

Kurz zuvor hatten die DDR-Behörden meinem Vater wiederholt einen Besuch bei seiner kranken Mutter verweigert. Eine Begründung gab es dafür nicht. Das war der unmittelbare Anlass für unseren schwerwiegenden Schritt, die DDR verlassen zu wollen.

Die Verwandtschaft meiner Mutter lebte dagegen komplett in der DDR und war bis dahin weitestgehend staatskonform. So gingen die deutsche Teilung und die damit verbundenen politischen Konfliktlinien auch direkt durch unsere Familie.

Meine Eltern beriefen sich bei ihrem Antrag auf die »Konferenz für Sicherheit und Zusammenarbeit in Europa«, die im Sommer 1975 in Helsinki stattgefunden hatte und die dort

Christian Mrazek

85 Bischofswerda, den **13. 11.** 75
Am Schillerplatz 6

An den
Staatsratsvorsitzenden *der DDR*
Herrn Willi Stoph

Antrag auf Entlassung aus der Staatsbürgerschaft der DDR
(Gesetz vom 20. Februar 1967, Bl. 6 Teil I, Seite 3 § 10)

Werter Herr Stoph!

Ich stelle hiermit den Antrag auf Entlassung aus der Staatsbürgerschaft der DDR für mich

Christian Mrazek, geb. 12. 6. 37
Bischofswerda
Am Schillerplatz 6

sowie für meine Ehefrau

Edith Mrazek, geb. 29. 6. 39
Bischofswerda
Am Schillerplatz 6

und für meine beiden Kinder

Falk Mrazek, geb. 27. 11. 60
Ralf Mrazek, geb. 16. 04. 65

Begründung:

Im Oktober 1975 stellte ich einen Antrag auf Besuchserlaubnis
in die BRD zu meiner schwerkranken Mutter. Obwohl ein dringendes
Attest vorlag, benötigte man über 14 Tage zur Bearbeitung.
Das Ergebnis war eine lakonische Antwort: Ihrem Antrag wird nicht
stattgegeben. Die Begründung der Ablehnung wurde mir verweigert
mit dem Hinweis auf den § 9 der II. Durchführungsbestimmung.

Im Oktober 1972 lag meine Mutter mit einem 80%igen Herzinfarkt
14 Tage auf der Intensivstation. Auch da hatte man mir die Besuchserlaubnis verweigert. Vorher wurden schon meiner Mutter
sowie meinem Bruder die Besuchserlaubnis in die DDR abgelehnt.

Antrag auf Entlassung aus der Staatsbürgerschaft der DDR vom November
1975.

Hinzu kamen für mich berufliche Einschränkungen auf Grund der
Verwandtschaft in der BRD (Mutter sowie meine beiden Brüder
leben im kapitalistischen Ausland).

Ich bin nicht mehr gewillt, mir nur die Pflichten aufbürden
und meine Rechte in der DDR verweigern zu lassen.
Ich möchte meiner schwerkranken Mutter auch in den schweren
Stunden beistehen, was mir allerdings von den Behörden in der
DDR immer verweigert wurde.

Meinen Antrag auf Entlassung aus der Staatsbürgerschaft der DDR
zwecks Familienzusammenführung bitte ich hiermit stattzugeben.

Mit freundlichen Grüßen

Den Antrag auf Familienzusammenführung stellt mein Vater Christian Mrázek
für die ganze Familie.

23

abgeschlossene »KSZE-Schlussakte«. Sie trug die Unterschrift von DDR-Staats- und Parteichef Erich Honecker. Dieses historische Dokument enthielt die vertragliche Zusicherung des »Status Quo« der Grenzen in Europa. Dazu gehörten die Grenzen der DDR und somit deren Existenzrecht als »sozialistischer Staat«, wie sie sich laut Verfassung seit 1974 nannte. Nach der Aufnahme der DDR in die UNO 1973 war dies ein weiteres Zeichen der internationalen Anerkennung. Deshalb ließ die SED die gesamte Schlussakte im *Neuen Deutschland* abdrucken, damit alle DDR-Bürger dies lesen konnten.

Die Schlussakte von Helsinki enthielt aber auch die vertragliche Zusicherung der DDR, die durch den Mauerbau endgültig getrenntlebenden Familien in Deutschland wieder zusammenzuführen. Das bedeutete, dass Familien aus dem Osten die Möglichkeit erhalten sollten, nach Westdeutschland überzusiedeln. Das Zauberwort für DDR-Bürger lautete »Familienzusammenführung«. Für eine solche Familienzusammenführung musste ein Antrag bei den DDR-Behörden gestellt werden. Doch obwohl es dafür nun eine vertragliche Grundlage gab, lehnten die DDR-Behörden in der Folge unseren »Antrag auf Familienzusammenführung« wieder und wieder ab – immer mit dem Argument, ein solcher Antrag sei ungesetzlich. Wir dagegen pochten auf die KSZE-Schlussakte, erhielten jedoch zur Antwort, die DDR habe dazu eigene »Durchführungsbestimmungen« erlassen. Wo man die nachlesen könne, erfuhren wir nicht.

Bevor meine Eltern sich entschieden hatten diesen Antrag zu stellen, sprachen sie ausführlich mit meinem Bruder und mir, um zu erfahren, wie wir dazu stünden. Für jeden von uns war es ein bedeutender Schritt in eine Richtung, die das Leben komplett umkrempeln würde. Für uns Jungs würde es irgendwann heißen, Abschied nehmen von unseren Freunden, wenn wir denn in den Westen ausreisen dürften. Das konnte ich mir damals noch gar nicht richtig vorstellen. Wir hatten von Leuten gehört, die einen solchen Antrag bei den DDR-Behörden gestellt hatten. Man munkelte, wie es denen in der

Bischofswerda, Rat des Kreises. Dort fanden unsere Aussprachen mit den Behörden statt, Aufnahme vom Juni 1990.

Zeit nach der Antragstellung bis zur Ausreise und danach im Westen ergangen sein soll. Da brodelte die Gerüchteküche, und sie wurde wohl auch am Kochen gehalten. Die DDR-Behörden und die Staatssicherheit waren da nicht unbeteiligt. Es war von Drogenkonsum und Alkoholismus die Rede, von Abstürzen in die Kriminalität, von Scheidungen und Selbstmorden.

Zum Zeitpunkt des ersten Antrags meiner Eltern war mein Bruder zehn Jahre alt, ich wurde gerade 15 und besuchte die 9. Klasse der Polytechnischen Oberschule »Otto Buchwitz« in Bischofswerda, ein klassizistischer Altbau, wo schon mein Vater zur Schule gegangen war. Bis dahin verlief mein Leben wie das vieler anderer in der DDR der 1960er und 1970er Jahre.

Quelle: Privatarchiv Falk Mrázek

Meine Mutter mit mir im Sommer 1961 in Radeberg.

Organisierte Kindheit und erste Reibungen

Am 27. November 1960, an einem Sonntag, kam ich in Radeberg auf die Welt. Die Klinik trug den wunderschönen Namen »Storchennest«.

Aufgewachsen bin ich in Bischofswerda, gelegen auf halber Strecke zwischen Dresden und Bautzen, damals eine Kreisstadt mit rund 12.000 Einwohnern. Die meisten von ihnen arbeiteten bei »Fortschritt«, ein Werk, das Mähdrescherteile produzierte, bei »Hero«, einem Textilbetrieb, oder bei »Ost-Glas«, einem Glashersteller. Viele pendelten mit dem Zug Richtung Bautzen und Kamenz oder Radeberg und Dresden. Zu Letzteren gehörte mein Vater, der zunächst in Radeberg als Radio- und Fernsehmechaniker und später in Dresden als EDV-Ingenieur beim VEB »Robotron« arbeitete.

Ich besuchte Mitte der 1960er Jahre kurz den Kindergarten »Herrmannstift«, den der Tuchfabrikant Herrmann im

Eine Aufnahme von meiner Jugendweihe im Mai 1975 im Schillerpark, zusammen mit meinem Vater und meinem Bruder.

19. Jahrhundert ins Leben gerufen hatte. Danach ging ich ab 1967 zehn Jahre lang zur Schule. Bereits in der ersten Klasse wurde ich, wie fast jedes Kind, Mitglied der Pionierorganisation. In der 4. Klasse wurde ich »Thälmann-Pionier«.

Mit knapp 14 Jahren folgte mein Beitritt in die »Freie Deutsche Jugend«. Bis zu diesem Zeitpunkt lief ich noch überall mit, zwar nicht mit Begeisterung, aber ich kannte ja auch nichts anderes. Im selben Jahr erhielt ich meine Jugendweihe. Das war die »Aufnahme der Jugendlichen in den Kreis der Erwachsenen«. Den Eid, den wir bei der Feierstunde ablegen mussten, galt dem Sozialismus und dem DDR-System. Wir mussten versprechen, den Sozialismus nach Kräften zu unterstützen und zu verteidigen. Damals war ich innerlich schon so weit gegen das DDR-System eingestellt, dass ich zwar physisch an der Veranstaltung teilnahm, aber den Eid nicht mitsprach. Schon damals spürte ich, dass ich in einem Gesellschaftssystem wie der DDR nicht für immer leben wollte und konnte.

Zunächst war das mehr intuitiv, ein Gefühl. Das wurde jedoch immer stärker, je älter ich wurde. Ich wollte die Welt sehen, nicht nur den östlichen Teil. Es gab so viel, was ich gerne gesehen, erlebt und gefühlt hätte, aber eben nicht durfte, nur weil ich zufällig in der DDR geboren worden war. Ich beneidete meine Cousins und Cousinen unserer Westverwandtschaft, denen die Welt offenstand.

Was mich damals in Bischofswerda so richtig begeisterte, war der Fußball. Ich spielte in der Betriebssportgemeinschaft »Fortschritt Bischofswerda«, wie auch mein jüngerer Bruder und mein Vater. Ich konnte es kaum erwarten, zum wöchentlichen Training zu gehen. Am Wochenende waren dann Punktspiele angesetzt. Manchmal war ich so aufgeregt, dass ich in der Nacht davor kaum schlafen konnte. Der Fußball stand bei mir ganz oben. Jede freie Minute nutzte ich, um mit meinen Freunden irgendwo gegen das Leder zu treten. Ganze Nachmittage verbrachten wir damit und in den Ferien auch ganze Tage.

Warum darf ich nicht ans Mittelmeer?

Wie jeder DDR-Bürger hatte ich im Kindergarten, in der Schule oder im Fernsehen die Überlegenheit des Sozialismus gegenüber dem Kapitalismus erklärt bekommen. Dass der Sozialismus siegen werde, war gewiss. Allerdings kamen mir schon relativ früh Zweifel, ob das so stimmen kann. Das lag zum einen an meinen Eltern, die der DDR recht kritisch gegenüberstanden, und zum anderen an meinen Verwandten aus Köln und Westberlin, die so ganz anders waren als die Klassenfeinde aus dem Westen, wie sie mir im Schulunterricht beschrieben wurden. Je älter ich wurde, desto stärker nahm ich auf diese Weise den Widerspruch zwischen dem in den DDR-Medien angepriesenen Idealbild und der erlebten Realität wahr. Ab der 9. Klasse hatte ich, bevor ich zur Schule aufbrach, meine eigene morgendliche Routine entwickelt.

Beim Frühstück auf der Eckbank in unserer kleinen Küche las ich die »Sächsische Zeitung«, das Zentralorgan der SED im Bezirk Dresden, und die »Junge Welt«, das Zentralorgan der SED-Jugendorganisation FDJ. Ich überflog die wichtigsten Themen, die in beiden Zeitungen meist identisch waren. Anschließend hörte ich mir im »Deutschlandfunk« den täglichen »Blick in Ostberliner Zeitungen« an, der diese Artikel häufig kommentierte und politisch einordnete. Danach machte ich mich auf den Weg zur Schule, informiert von zwei Seiten, der ostdeutschen und der westdeutschen. Ich begann mich zu fragen, warum die Bürger der DDR nicht in den Westen reisen durften, wenn es den Menschen dort so schlecht ging, wie es uns in der Schule immer beigebracht wurde. Wenn es dort tatsächlich so schlimm war, müssten sie doch umso lieber wieder in die DDR zurückkehren und noch begeisterter am Aufbau des Sozialismus mitarbeiten wollen. Stattdessen kehrten viele der wenigen DDR-Bürger, die in den Westen reisen durften, nicht wieder zurück. Auf der anderen Seite blieb kaum einer aus Westdeutschland, wie meine beiden Onkel aus Köln und Westberlin, die uns fast jedes Jahr samt Familie besuchen kamen, in der DDR. Vielmehr kehrten sie wieder zurück und zwar freiwillig. Ich fragte mich außerdem, warum ich nicht ans Mittelmeer durfte oder den Eiffelturm besteigen konnte? Warum standen die Soldaten am »Antifaschistischen Schutzwall« in Berlin mit ihren Waffen Richtung Osten, wo der Feind doch aus dem Westen kam? Diese Gedanken brachten mich schließlich zu den Fragen, die ich auch im Staatsbürgerkunde- oder Geschichtsunterricht stellte. Die Reaktionen meiner Lehrer darauf wurden immer heftiger. Je älter ich wurde, umso mehr nahmen die Diskussionen und Reaktionen der Lehrer auf meine Fragen zu und gewannen an Schärfe, wenn ich auf die von mir wahrgenommenen Unterschiede zwischen sozialistischer Theorie und erlebter Praxis hinwies. Wenn meine Lehrer gar nicht mehr weiter wussten, fragten sie, woher ich denn all diese Informationen hätte. Sie rieten mir, doch nicht der Propaganda des Klassenfeindes zu glauben. Manchmal versuchten sie auch, meine Fragen ins Lächerliche zu ziehen oder mich als Dummkopf dastehen zu lassen. Das gelang ihnen auch manchmal. Allerdings entwickelte ich den Ehrgeiz, ihnen argumentativ Paroli bieten zu können, besonders nachdem wir unseren Antrag gestellt hatten. In der 10. Klasse geriet ich dann immer wieder mit meinem Schuldirektor, der bei uns Staatsbürgerkundeunterricht gab, heftig aneinander.

Die ideologischen Gräben werden tiefer

Sobald der Antrag meiner Eltern bekannt geworden war, begannen für mich und meinen jüngeren Bruder die Sticheleien in der Schule und für meine Eltern die Schikanen am Arbeitsplatz. An eine Episode aus dieser Zeit erinnere ich mich noch besonders gut. Es war Mittag und wir hatten Hofpause. Ich stand mit einigen Klassenkameraden auf dem Schulhof. Plötzlich hörte ich meinen Namen. Es war mein Physiklehrer. Er galt unter uns Schülern als besonders strenger und harter Knochen, der einem bei Disziplinverstößen schon mal seinen Schlüsselbund an den Kopf warf. Er hatte als junger Soldat noch das Kriegsende miterlebt und war nun 110-prozentiger Parteisoldat. Er rief mich zu sich. Als ich vor ihm stand, erklärte er mir, er habe gehört, meine Eltern wollten in den Westen gehen, und er wolle wissen, was ich denn davon hielte. Als ich erwiderte, dass ich natürlich mit ihnen gehen werde, fragte er, was ich denn im Westen werden wolle? Krimineller? Drogensüchtiger oder Arbeitsloser? Ob ich dort drüben in den Puff gehen wolle? Ich weiß nicht mehr genau, ob ich und was ich darauf erwiderte. Ich denke, es wird etwas Sarkastisches gewesen sein. Dann ging ich.

Die ideologischen Konflikte in der Schule nahmen an Schärfe zu, erst recht als ich zum Beginn der zehnten Klasse aus der FDJ austreten wollte. Das beantragte ich in schriftlicher Form. Der Antrag wurde umgehend von der FDJ-

Aufnahme meiner Schule, Juni 1990.

Leitung meiner Schule abgelehnt. Das ginge nicht so einfach, sagte man mir.

»Oh doch«, dachte ich.

Ich nahm meinen FDJ-Mitgliedsausweis, trennte das Passfoto heraus und warf ihn in den Papierkorb unseres Klassenraums. Damit war für mich die Sache erledigt. Nicht so für die Schulleitung. Einige Tage später saß ich in einer Mathearbeit, als mich plötzlich die Schulsekretärin herausrief. Sie brachte mich in das FDJ-Zimmer. Dort sollte ich mich auf einen Stuhl setzen. Mir gegenüber saßen schon der Direktor, mein Klassenlehrer und ein Vertreter der FDJ-Leitung. Mein Klassenlehrer eröffnete das Tribunal. Er stellte sich neben mich und zeigte mir einen FDJ-Ausweis. Ob ich den kennen würde, jemand hätte ihn im Papierkorb gefunden und abgegeben. Ich wusste natürlich sofort, worum es ging.

»Keine Ahnung«, sagte ich trotzdem.

Er klappte ihn auf und zeigte mir meinen Namen. Was ich denn damit bezwecken wollte.

»Nichts«, antwortete ich. Ich sei aus der FDJ ausgetreten, also bräuchte ich ihn nicht mehr.

Mit meiner Tat mein Klassenlehrer sprach, schauten mein Direktor und der FDJ-Sekretär mit ernsten Mienen auf mich. Er redete und redete, drohte mit Schulverweis und anderen Disziplinarmaßnahmen. Ich war von der Situation völlig überrascht. Gerade hatte ich noch in der Mathearbeit gesessen. Doch je mehr er sich in Rage redete, desto ruhiger wurde ich. Der Kerngedanke seiner Philippika: Indem ich meinen FDJ-Ausweis weggeworfen hatte, beleidigte ich die FDJ. Sie sei eine Organisation der DDR, die wiederum Teil der sozialistischen Staatengemeinschaft sei und zum friedliebenden Teil der Welt gehöre.

Mit meiner Tat hätte ich die gesamte sozialistische Weltgemeinschaft inklusive des gesamten friedliebenden Teils der Menschheit beleidigt.

Das war mir dann doch zu blöd. Ich stand auf und erklärte den Anwesenden äußerlich ganz ruhig, dass ich auf dieser Basis zu keinem Gespräch bereit sei. Ich drehte mich um und ging, innerlich allerdings völlig aufgewühlt und total durcheinander. Ich zitterte vor Anspannung. Als ich die Tür öffnete, um nach draußen zu gehen, brüllte mein Klassenlehrer hinter mir her, ich solle sofort zurückkommen. Ich schloss die Tür einfach hinter mir und ging weiter. Mein Herz klopfte bis zum Hals. Sekunden später flog die Tür erneut auf. Mein Klassenlehrer rief mich noch einmal zurück, eigentlich schrie er. Ich reagierte nicht und lief weiter … Plötzlich hörte ich ein Geräusch. Als ich mich umdrehte, war er direkt hinter mir, packte mich an der Schulter und riss mich heftig herum. Er hatte schon zum Schlag in mein Gesicht ausgeholt, zögerte dann aber. Wir schauten uns einige Sekunden direkt in die Augen. Ob ich in diesem Moment blass vor Schreck war, weiß ich nicht, aber an meinem Herz kann es nicht gelegen haben, das raste wie wild.

Dann ließ er mich los.

Ich kehrte ins Klassenzimmer zurück und packte meine Schulsachen zusammen. Meine Hände und Knie zitterten nach dem, was ich gerade erlebt hatte. Ich konnte nur flach atmen. Immer wieder fielen mir Schulsachen auf den Boden, als ich sie in meiner Tasche verstauen wollte. Die Geräusche wirkten in diesem Moment umso lauter, weil im Klassenraum Totenstille herrschte. Wortlos verließ ich den Raum. Alle Mitschüler schauten mich fragend an, auch mein Mathelehrer. Auf dem Weg nach Hause fragte ich mich immer wieder, ob ich mich richtig verhalten hatte und welche Konsequenzen das für mich haben würde. Am Abend erzählte ich meinen Eltern ausführlich, was in der Schule vorgefallen war. Mein Vater ging daraufhin am nächsten Tag zum Schuldirektor und führte mit ihm ein ernsthaftes Gespräch. Sie kannten sich über den Fußball in Bischofswerda.

Mein Vater war ein guter Fußballer und mein Direktor ein großer Fan des Vereins. Sie waren zwar per Du, aber da hörte die Freundschaft auf.

Zum Schulverweis kam es für mich nicht. Meinen Schulabschluss legte ich mit einem Notendurchschnitt von 1,0 ab.

M r a z e k , Falk

geboren am **27.11.1960** in **Radeberg**

hat die zehnklassige allgemeinbildende
polytechnische Oberschule von **1967** bis **1977** besucht

und sich der Abschlußprüfung unterzogen

GESAMTEINSCHÄTZUNG

Falk ist ein sehr leistungsstarker Schüler. Er
ze igte stets sehr gute Leistungen und war bestrebt, diese noch zu verbessern. Durch seine
bewußte und zielstrebige Lernarbeit verfügt er
über ein solides gefestigtes Grundwissen, das er
jederzeit anwenden kann. Falk zeigte in allen
Fächern eine sehr gute Mitarbeit und wirkte somit stimulierend auf das Klassenkollektiv. Er
ist in der Lage Zusammenhänge schnell zu erkennen, logisch zu denken und selbständig und zügig
zu arbeiten. Von seinen Klassenkameraden ist er
anerkannt und geachtet, unter anderem dadurch,
daß er stets bereit ist, anderen nichtverstandene
Probleme noch einmal zu erklären.
Auf gesellschaftlichem Gebiet hat sich Falk im
letzten Jahr kaum beteiligt. Ihm gestellte Aufgaben erledigt er. Er interessiert sich zwar sehr
für das aktuell-politische Gesche hen,muß sich
aber noch sehr bemühen,daraus die richtigen Schluß-
folgerungen zu ziehen.

Gesamtverhalten	**2**		
Betragen	1	Ordnung	1
Fleiß	1	Mitarbeit	1

Mein Abschlusszeugnis der Polytechnischen Oberschule »Otto Buchwitz« in
Bischofswerda. In der Beurteilung findet sich ein Verweis auf mein mangeln-
des gesellschaftliches Engagement.

34

ZENSUREN

Deutsche Sprache und Literatur	1	Einführung in die sozialist. Produktion	1
Russisch	1	Techn. Zeichnen	
nach jährigem Unterricht			
Mathematik	1	Produktive Arbeit	1
Physik	1	Geschichte	1
Astronomie	1	Staatsbürgerkunde	1
Chemie	2	Kunsterziehung	1
Biologie	1	Musik	1
Geographie	1	Sport	1

fakultativ
Englisch   1   Französisch
nach jährigem Unterricht   nach jährigem Unterricht

DIE ABSCHLUSSPRÜFUNG WURDE

Mit Auszeichnung bestanden "

Bischofswerda . den **1.Juli 1977**

DIE PRÜFUNGSKOMMISSION

Vorsitzender/Direktor   Klassenleiter

Trotz sehr guter Noten hatte ich nicht die Möglichkeit zum Abitur zugelassen zu werden.

35

Rat des Kreises Bischofswerda
(Bezirk Dresden) — 1202

Herrn
Christian Mrázek
85 Bischofswerda
Am Schillerplatz 6

Abteilung / Ref. Volksbildung

Aktenzeichen Dr.G/Br

Fernruf 850 Hausanschluß 248

85 Bischofswerda, 30.7.1976

Werter Herr Mrázek !

Die beim Rat des Kreises Bischofswerda bestehende Kommission für die Aufnahme von Schülern in die Abiturstufe konnte dem Antrag nicht zustimmen, Ihren Sohn Falk in die Abiturstufe der Berufs- ausbildung aufzunehmen.

Der Charakter dieser Bildungsstufe und die Tatsache, daß wir bei der Anzahl der Aufnahmen an eine staatliche Kennziffer gebunden sind, verlangen von der Kommission strenge Maßstäbe. Die außer- ordentlich hohe Bewerberzahl führte zur Auswahl der leistungs- stärksten und charakterlich gefestigsten Jugendlichen für die- sen Bildungsweg. Leider konnte dabei Ihr Sohn nicht berücksich- tigt werden.

Wir bitten Sie für diese Entscheidung der Kommission um Verständnis.

b.w.

Sprechtage: Dienstag 9—18 Uhr, Freitag 9—14 Uhr

In der offiziellen Ablehnung meines Antrags auf Aufnahme in die Abitur- stufe gab es selbstverständlich keinen Hinweis auf den Ausreiseantrag als Verweigerungsgrund.

Das hätte mich eigentlich zum Besuch der Erweiterten Ober- schule qualifiziert, wo ich nach weiteren zwei Jahren mein Abitur hätte ablegen können. Doch mit dem Ausreiseantrag war nicht daran zu denken. Mein Direktor meinte, dass das für mich nur in Frage käme, wenn ich mich von meinen Eltern lossagte und nicht mit ihnen in den Westen gehen würde. Als ich das ablehnte, erklärte er mir ebenso klar, dass dann die Sache mit dem Abitur für mich erledigt sei. »Die DDR bildet doch keine Fachkräfte für den Westen aus«, schloss er seinen Vortrag. Damit hatte sich das Thema Studium erledigt. Ein Studienplatz schien unerreichbar.

Lehre statt Abitur und ein Haufen Kohle

So begann ich im Herbst 1977 in Bischofswerda eine Lehre als Elektromaschinenbauer bei der PGH »Kontakt«. »PGH«

hieß Produktionsgenossenschaft Handel. Es war eine spezielle Unternehmensform, bei der es Reste von Privateigentum gab. Aber selbst dort zeigten sich schnell politische Konflikte und daraus wurden menschliche. Unter anderem versuchten meine Vorgesetzten mit Nachdruck, mich für die »Gesellschaft für Deutsch-Sowjetische Freundschaft« »zurückzugewinnen«. Die DSF sollte den DDR-Bürgern die Vorzüge der Sowjetunion näherbringen. Ich war wie alle meine Mitschüler in der 8. Klasse eingetreten, aber in der 10. Klasse wieder ausgetreten. Warum sollte ich gerade jetzt wieder eintreten? Mein Chef erklärte mir, dass ich mit meiner Weigerung die gesellschaftliche Bilanz des ganzen Betriebskollektivs verderben würde. Denn so konnte er der örtlichen SED-Leitung keine hundertprozentige Mitgliedschaft seines Betriebs in der DSF vermelden. Davon hing auch die Höhe der sogenannten Jahresendprämie ab, eine staatliche Sonderzahlung für erfolgreiche Planerfüllung. Und zu dieser Planerfüllung gehörte auch die geschlossene Mitgliedschaft der Belegschaft bei der DSF.

Als ich stur blieb, versuchte er es mit dem Argument, dass die zehn Pfennige Monatsbeitrag mir doch nicht wehtäten. Ich erwiderte, es ginge mir nicht um die zehn Pfennige. Mir ging es darum, dass ich nicht einsah, warum ich für Freundschaft zahlen sollte. Außerdem lag mir die Sowjetunion und deren Gesellschaftssystem ohnehin nicht besonders am Herzen. Bei fast jeder Gelegenheit brachte ich zum Ausdruck, was ich von dieser Lehre hielt, nämlich gar nichts. Ich war voll auf Trotz gebürstet. Das kam menschlich zunächst natürlich gar nicht gut bei meinem Meister und den Kollegen an. Aber nachdem ich nicht auf die Erweiterte Oberschule durfte, hätte ich am liebsten nach der 10. Klasse gar nichts gemacht. Ich wäre am liebsten zu Hause geblieben, um nicht noch für diesen Staat zu arbeiten. Doch in der DDR gab es das gesetzlich festgeschriebene Recht, aber auch die Pflicht zur Arbeit. Ein Verstoß dagegen hätte für mich erhebliche Konsequenzen bis hin zu einer Jugendstrafe nach sich ziehen können. Ich wollte keine Jugendstrafe riskieren, außerdem dachte ich nicht daran, den örtlichen SED- und Stasi-Genossen die Möglichkeit zu geben, das Bild vom arbeitsscheuen Faulpelz, der in den Westen will, verbreiten zu können. Also hatte ich diese Lehre zähneknirschend begonnen. In den ersten Wochen war ich immer ein paar Minuten zu spät zur Arbeit erschienen. Ich lümmelte mich demonstrativ an der Drehbank, setzte mich bei der Arbeit hin, wenn ich eigentlich hätte stehen sollen. Das führte immer wieder zu verbalen Auseinandersetzungen mit meinem Meister über unsere unterschiedlichen Meinungen zu Arbeitsauffassung und Pünktlichkeit. Andererseits wollte ich auch als ernstzunehmende Person respektiert werden, auch und gerade wegen meiner politischen Überzeugungen. Da durfte ich nicht als unpünktlicher, unzuverlässiger, arbeitsscheuer Typ dastehen. Es dauerte ein paar Wochen bis ich das für mich eingesehen hatte. Also kam ich nun immer mindestens eine Viertelstunde vor Arbeitsbeginn in die Werkstatt, heizte im Winter den Ofen an, schaltete überall im Gebäude das Licht an, legte mein Werkzeug bereit und verließ nach Feierabend als Letzter die von mir aufgeräumte Werkstatt.

Der Ofen wurde mit Briketts geheizt. Die kamen einmal im Jahr, im Februar. Der Kohlenhändler kippte die Kohlen vor unserer Werkstatt mitten auf der Straße ab. Fünf Tonnen waren das. Dieser Berg musste dann abgetragen und die Kohlen per Schubkarre durch das Gebäude in den Hinterhof bugsiert und dort in unseren Keller gekippt werden. Die Strecke war gar nicht so lang, vielleicht 30 oder 40 Meter. Aber ich musste mit der voll beladenen Schubkarre über Bohlenbretter balancieren, die dafür in den engen Hausflur gelegt worden waren. Normalerweise kümmerten sich immer mehrere Leute um die Kohlen. Aber an diesem Tag erklärte ich mich bereit, schon einmal allein damit anzufangen. Doch am Ende meines Arbeitstages hatte ich die ganze Ladung allein bewältigt, völlig geschafft und mit Muskelkater an den folgenden Tagen. Aber ich merkte in der Zeit danach, dass ich im Ansehen bei den Kollegen und meinem Lehrmeister gestiegen war. Das lag nicht nur an der Kohle, sondern auch an meinem geänderten Verhalten bei der Arbeit.

Mit unserer Westberliner Verwandtschaft vor unserem Hauseingang, aufgenommen im April 1973. Links im Mantel ist meine Oma aus Ludwigsburg.

Familienbande, echte und falsche Freunde

Zwei Jahre waren seit unserer Antragstellung inzwischen vergangen. Nichts tat sich von Seiten der DDR-Behörden, außer dass sie unseren Antrag immer wieder ablehnten. Die Begründung, unser Ansinnen sei ungesetzlich, blieb die gleiche.

Und sie zogen uns gegenüber die Zügel spürbar an. Das zeigte sich an unseren Westbesuchen, die erst eingeschränkt, dann gänzlich verwehrt wurden. Bis einschließlich 1976 hatten uns die beiden Brüder meines Vaters aus Köln und Westberlin samt Familie einmal im Jahr besuchen dürfen.

Diese Besuche waren für uns Fenster in eine fremde, faszinierende Welt. Unsere Wohnung durchzogen dann aromatische Düfte von Waschmittel und Kosmetika, die sie mitgebracht hatten. Aber nicht deshalb fieberte ich diesen Besuchen immer entgegen. Viel wichtiger waren die Gespräche, denen ich zuhörte, und die Zeitschriften, Magazine und Illustrierten aus dem Gepäck, wie »Spiegel«, »Stern« und »Kicker«. Manchmal war auch die eine oder andere »Bravo« dabei. Die lasen dann mein Bruder und ich besonders begeistert, und auch unsere Freunde. Auf den Fotos von damals, die unsere Familie mit dem Westbesuch zeigte, kann man die Geschichte unserer Familie gut nachvollziehen. Manchmal tauchte jemand auf diesen Bildern von einem auf das andere Jahr nicht mehr auf. Das lag daran, dass der- oder diejenige beruflich aufgestiegen oder SED-Mitglied geworden war und deshalb keine Westkontakte mehr haben durfte.

Ab 1977 war mit den Besuchen unserer Verwandten aus dem Westen ganz Schluss. Es war ohnehin so, dass jeder Besuch von Verwandten, Bekannten oder Freunden aus dem westlichen Ausland Monate vorher bei den örtlichen DDR-Behörden beantragt werden musste, aber ab 1977 wurden unsere Besuchsanträge für die Brüder meines Vaters und dessen Mutter konsequent, natürlich ohne Angabe von Gründen, abgelehnt. Auch zu unserer Verwandtschaft in der DDR hatten sich die Beziehungen in den vergangenen zwei Jahren deutlich verändert. So lange ich denken konnte, waren unsere Familientreffen geprägt von kontroversen Gesprächen über die politischen Verhältnisse in der DDR. Doch nun gewannen sie richtig an Schärfe. Das führte dazu, dass man diese Themen mit der Zeit entweder umging oder auf die Treffen ganz verzichtete.

In Bischofswerda wechselte inzwischen der eine oder andere frühere Bekannte oder angebliche Freund die Straßenseite, nur, um nicht mit einem von uns »Antragstellern« gemeinsam gesehen zu werden. Bischofswerda war ein Nest, die Stasi wissbegierig und ihre Spitzel überall zugegen. In dieser Zeit zeigte sich sehr deutlich, wer ein echter Freund und Kumpel war. Ich hatte zum Glück solche Freunde. Einige kannte ich schon seit dem Sandkasten. Wir vertrauten uns bedingungslos. Sie hielten zu mir. Für mich waren sie ein Geschenk des Himmels. Das gab mir viel Kraft.

Die Muster-Männer der Armee

In diese Zeit fiel auch meine Musterung zur Nationalen Volksarmee (NVA). Mindestens eineinhalb Jahre hatte jeder für tauglich erklärte männliche DDR-Bürger seinen sogenannten »Militärischen Ehrendienst« abzuleisten. Das war Gesetz.

Der Musterungsraum, den ich betrat, war völlig kahl. Die Wände waren grau. Sie hatten kleine Fenster, durch die kaum Licht fiel. Von der Decke strahlte grelles, kaltes Neonlicht. Fünf Herren in Uniform saßen hinter mehreren zusammengestellten Tischen. Ich saß ihnen gegenüber auf einem einzelnen Stuhl mitten im Raum. Sie eröffneten mir, dass ich bei der vorangegangenen medizinischen Untersuchung für tauglich erklärt worden sei. Ich sei für irgendeinen militärischen Pionierdienst vorgesehen. Eigentlich hörte ich in diesem Moment gar nicht richtig zu, denn ich hatte ohnehin nicht vor, diesen Dienst abzuleisten. Am Schluss fragte mich einer dieser NVA-Muster-Männer, ob ich bereit wäre, mein sozialistisches Vaterland mit der Waffe in der Hand zu verteidigen. Von mir kam ein klares »Nein«. Ob es mir nicht noch einmal überlegen wolle, legten sie nach. Ich blieb bei meinem »Nein«.

»Na ja, dann wissen Sie ja, was die Konsequenzen sind ...«, kam die schmallippige Antwort von denen. Ich entgegnete, dass bis dahin noch viel Wasser den Rhein hinunterfließen würde. Mir war zu diesem Zeitpunkt schon klar, dass die Konsequenzen entweder Strafkompanie bei den Bausoldaten oder bei Totalverweigerung bis zu zwei Jahre Gefängnis sein konnten.

Meine Wehrdienstverweigerung hätte für diese Herrschaften aber eigentlich keine Überraschung sein sollen. Schon zu Beginn meiner Lehre hatte ich auch die vormilitärische Ausbildung quittiert, obwohl sie obligatorischer Teil meiner Lehre war. Damit sollten wir Lehrlinge auf die Militärzeit vorbereitet werden und darauf, den Klassenfeind abzuwehren und im Zweifel zu töten. Da ich aber Verwandte im Westen hatte, die ich nicht als Klassenfeind betrachtete und weder abwehren noch töten wollte, ging das für mich gar nicht. Mein Chef drohte, dass ich keinen Lehrabschluss bekäme, würde ich weiter die Teilnahme an der vormilitärischen Ausbildung verweigern. Ich nahm es gelassen, weil ich ohnehin nicht die Absicht hatte, noch lange in der DDR zu bleiben.

ICH-WILL-RAUS-AUS-DIESEM-STAAT!

Je älter ich wurde und je näher ich altersmäßig der »18« kam, also bald volljährig sein würde, desto mehr spürte ich, dass es für mich in der DDR keine Zukunft geben würde. Und wenn doch, dann würde mich mein Weg unweigerlich ins Gefängnis führen, wenn ich nicht vorher in den Westen käme. Noch schützte mich mein Alter vor unmittelbaren juristischen Konsequenzen, aber mit 18 wäre damit Schluss.

Der Staat ließ uns auf der einen Seite nicht gehen, aber auf der anderen Seite konnten wir Antragsteller in der DDR auch nicht mehr normal leben. So ging es nicht weiter!

An meinem 17. Geburtstag, im November 1977, hatte ich meinen Eltern bereits erklärt, wenn wir in einem Jahr noch immer in der DDR seien, dann würde ich nach Berlin an die Mauer fahren und mich dort demonstrativ festnehmen lassen, um meine Entlassung als politischer Häftling aus der DDR Richtung Westen zu erzwingen.

Meine Lage in der DDR schien mir immer aussichtsloser und verzweifelter. Wenn mir sowieso Gefängnis wegen Wehrdienstverweigerung drohte und ich auch keinen Lehrabschluss bekäme, konnte ich genauso gut eine solche demonstrative Aktion unternehmen, die mich sicher hinter Gitter bringen würde, doch unmissverständlich klarmacht: ICH-WILL-RAUS-AUS-DIESEM-STAAT!

Für mich drängte die Zeit mehr als für meinen deutlich jüngeren Bruder, denn mit 18 hätte ich einen eigenen Antrag auf Entlassung aus der DDR-Staatsbürgerschaft stellen müssen. Die Wartezeit wäre für mich dann von vorne losgegangen. Das kam für mich nicht in Frage. Während andere in meinem Alter es damals kaum erwarten konnten, 18 Jahre alt zu werden, hing dieser Geburtstag wie ein Damoklesschwert über mir. In meiner Situation war er wie ein Schicksalstag, der mir eine lebenswichtige Entscheidung abverlangte, die lebensgefährlich sein konnte. Je näher der bewusste Tag rückte, umso mehr wuchsen meine Anspannung und Angst.

Ein richtiger Fluchtversuch in den Westen erschien mir allerdings zu riskant. Die DDR-Grenze Richtung Westen und auch die Mauer in Berlin waren nahezu perfekt gesichert. Mein Fluchtversuch hätte mit hoher Wahrscheinlichkeit in einer Katastrophe geendet, zumal ich von den örtlichen Gegebenheiten an der Berliner Mauer nicht die geringste Ahnung hatte. Es waren schon so viele Menschen bei Fluchtversuchen aus der DDR getötet, verstümmelt oder schwerstverletzt worden. Also dachte ich über weniger riskante Alternativen nach, die trotzdem unmissverständlich klar meine Entschlossenheit, das Land verlassen zu wollen, demonstrierten. Leider waren einige dieser Alternativen auch unberechenbar gefährlich.

Es gehörte in der DDR zu den streng gehüteten, aber offenen Geheimnissen, dass sie politische Gefangene an die Bundesrepublik gegen Westmark verkaufte. Allerdings war nicht bekannt, wie groß die Chance dafür war. Auch war nicht bekannt, wer die Kandidaten auswählte und nach welchen Kriterien dies erfolgte.

Trotzdem wollte ich diese Chance auf jeden Fall nutzen, egal wie groß oder klein sie war. Auf gar keinen Fall und unter keinen Umständen wollte ich mein Leben weiterhin in der DDR fristen müssen. Ich wollte frei sein, die Welt erleben, studieren, mich frei informieren und mein Leben selbst bestimmen können. Ich hatte ja nur dieses eine Leben. Das wollte ich nicht vergeuden. Mit gerade einmal 15 Jahren, als meine Eltern den Antrag gestellt hatten, die DDR mit mir und meinem Bruder zu verlassen, hatte ich solche Gedanken natürlich noch nicht oder jedenfalls nicht so konkret und ausgesprochen. Doch seither war viel passiert mit mir, meinen Eltern, meinem Bruder. Während dieser Zeit war mir mit fast jedem Tag immer klarer geworden, dass es für mich in diesem Staat keine Perspektive geben wird und meine Zukunft im Westen liegt.

Einer meiner Lieblingstitel damals war »Born to run« von Bruce Springsteen. Ich hatte ihn auf einer meiner Tonbandkassetten, aufgenommen aus dem Radio von irgendeinem westlichen Sender, mit ganz vielen Störgeräuschen und Rauschen. Ich saß oft auf dem Sofa in meinem Zimmer, schaute in den Park vor unserem Haus und spielte diesen Titel so laut es ging, immer wieder.

Ich hatte versucht, den Text aufzuschreiben und zu übersetzen, verstand aber natürlich nicht alles. Ein paar Worte hörte ich heraus und ich bezog sie auf mich:

»We gotta get out while we are young
One, two, three, four.
The highway jammed with broken heroes on a last chance power drive …«

Ich habe das damals weder akustisch noch inhaltlich verstanden. Aber irgendwie klang der amerikanische Text für mich nach Rebellion und Aufbruch. Ich fühlte mich so: Born to run. Es war mein Lebensgefühl.

Das schienen auch die Genossen der Staatssicherheit zu ahnen. Im Sommer 1978 zog mich mein Ausbildungsmeister bei der PGH »Kontakt« ins Vertrauen. Er habe Besuch von der Stasi im Betrieb bekommen. Sie hätten ihn angewiesen, er solle sie umgehend informieren, sollte ich irgendwelche Reisepläne äußern, kurzfristig der Arbeit fernbleiben oder mich anders verhalten als gewohnt.

Ich fand das ausgesprochen fair und mutig von meinem Ausbildungsmeister. Es war Ausdruck des gegenseitigen Respekts, der offenbar im Laufe dieses Ausbildungsjahres

Meine Aussicht, wenn ich aus dem Fenster schaute, vor mich hin träumte und laut Musik hörte.

zwischen uns gewachsen war, trotz der anfänglichen Differenzen zwischen uns.

Aber nun war mir und meinen Eltern endgültig klar, dass die Staatssicherheit ein ganz besonderes Auge auf uns geworfen hatte und weiterhin wirft. Davon waren wir eigentlich ohnehin schon länger ausgegangen. Bereits bevor wir unseren Antrag gestellt hatten, allein wegen der wiederholten Westbesuche, die wir in der Regel mindestens einmal im Jahr erhielten. Diese Vermutung aber nun bestätigt zu bekommen, war nochmal etwas anderes. Plötzlich sah ich in fast jedem mir unbekannten Menschen, der mich länger anschaute, einen Stasi-Spitzel. Manchmal kam es mir so vor, als stünden mir meine Pläne auf der Stirn geschrieben.

Für meinen Meister hoffte ich, dass er keine Schwierigkeiten wegen meiner Aktion in Berlin bekommen würde, deren genaue Planung zu diesem Zeitpunkt bereits feststand.

Mein Plan und der Brief meines Onkels

Den Tag, an dem ich dem sozialistischen DDR-Regime unmissverständlich mein »ICH-WILL-HIER-RAUS!« demonstrieren wollte, hatte ich auf den 14. September 1978, einen Donnerstag, festgelegt. Das waren zweieinhalb Monate vor meinem 18. Geburtstag.

Ich hatte dabei folgenden Hintergedanken: Starte ich meine Aktion zu früh vor meinem »18.«, dann käme ich vielleicht noch in den Jugendstrafvollzug. Der wiederum, so hatte ich gerüchteweise gehört, sollte besonders streng sein. Auch würden von dort keine Gefangenen freigekauft, selbst als »Politische« nicht, weil sie noch nicht volljährig seien.

Also spekulierte ich darauf, dass kurz vor meinem 18. Geburtstag der richtige Zeitpunkt für meine Aktion sei und die DDR-Justiz sie als politische Straftat werten würde. Zum Zeitpunkt der Tat wäre ich noch nicht volljährig und könnte somit vielleicht eine geringere Strafe bekommen als ein Erwachsener. Ich ging davon aus, dass ich erst nach meinem Geburtstag verurteilt werden würde und danach als politischer Gefangener in einen Knast für Erwachsene käme. Von dort aus, so meine Hoffnung und Spekulation, könnte ich dann eventuell von der Bundesrepublik freigekauft werden. Mir war klar, dass mein Plan viele Unwägbarkeiten und Risiken enthielt, aber es war nach meiner Einschätzung die einzige Variante, um in den Westen zu kommen, ohne mein Leben zu riskieren, wie das bei einer Flucht der Fall gewesen wäre. Bestärkt wurde ich in meinen Überlegungen durch einen Brief meines Onkels aus Köln, der Anfang Juni 1978 eintraf.

Er war Journalist und der Grund, warum auch ich unbedingt Journalist werden wollte. Er konnte toll erzählen und schreiben, reiste viel in der Welt herum. Wenn er uns in Bischofswerda besuchte, hörte ich ihm immer fasziniert zu, wenn er über Politik oder seine Reisen in ferne Länder und Ereignisse dort berichtete, wie beispielsweise die Olym-

Postkarte meines Onkels Karlheinz von der Fußball-WM 1970 in Mexiko. Solche Lebenszeichen aus der fernen Welt waren etwas ganz Besonderes für mich.

pischen Spiele 1968 und die Fußball-Weltmeisterschaft in Mexiko 1970.

Wir saßen dann entweder auf der Eckbank in unserer kleinen Küche mit Blick auf ein wenig Grün und graue, abbröckelnde Hinterhoffassaden oder in unserem engen Wohnzimmer mit Blick auf den Schillerpark. In meiner Fantasie reiste ich dann wie er als Journalist durch die Welt, die ich bis dahin kaum kannte, und wenn es nach der DDR gegangen wäre, auch kaum kennengelernt hätte.

Wenn unsere Ausreise in den Westen genehmigt sein würde, wollten wir zu ihm nach Köln ziehen, wo er mit Frau und Tochter wohnte.

Er schrieb, er habe sich bei entsprechenden politischen Stellen und Personen erkundigt. Die würden unseren Antrag weiterhin unterstützen. Allerdings hätten sie auch geraten, wir sollten aktiv und demonstrativ etwas unternehmen, um unserem Ausreiseantrag gegenüber den DDR-Behörden mehr Nachdruck zu verleihen.

Karlheinz Mrazek
Schmittgasse 39a
5 Köln 90
Westgermany

Köln, .. 10. 77

Sir, dear Sir Möller!

I write to you instead of brother
Christian Mrazek.
My brother diverts the right to settle into
the FRG from the UNO-Menschenrechtskovention **($ 13)**
and the KSZE-Schlußakte, which the GDR have
signed.
He has made an application to dismiss from
the citizenship of the GDR (law from the
20th of February 1967).
He haven't receive any answer until now.
My brother has all his relationship of the
first grade in the FRG.
I may request you to handle his affair.
Perhaps you will be our last hope.

Most respectfully

•••••••••••••••••••••••••

enclosed the copy of the application
and personal dates from my brother's family.

Mr. Möller ist
Leiter der Uno-Menschenrechtskommission
in New York
Abteilung Menschenrechte der Uno
Eastriver-Land
Uno-Headquarter.

GBR = German Democratic Republic (DDR)
FRG = Federal Republic of Germany (**BRD**)

Schreiben meines Onkels an den Leiter der UN-Menschenrechtskommission
in New York.

Nachdem nun unser Antrag von den DDR-Behörden mehr-
fach abgelehnt worden war, hatte sich mein Onkel mit der
Bitte um Unterstützung für unsere Angelegenheit an ver-
schieden hochrangige politische Stellen gewandt, darunter
war auch der damalige Leiter der UN-Menschrechtskom-
mission in New York.

FDP-FRAKTION
IM
DEUTSCHEN BUNDESTAG
DER VORSITZENDE
Persönlicher Referent –

53 BONN, DEN 6. Dezember 1976
TELEFON 162183   ge

Herrn
Karlheinz Mrazek
Schmittgasse 39 a

5000 Köln 90

Sehr geehrter Herr Mrazek!

Im Auftrage des Vorsitzenden der FDP-Fraktion im Deutschen
Bundestag, Herrn Wolfgang Mischnick, danke ich Ihnen für
Ihr Schreiben vom 30. November 1976. Herr Mischnick ist
bereit, sich für Ihren Bruder und seine Familie bei der
Ständigen Vertretung der DDR in Bonn zu verwenden. Für
diesen Zweck darf ich um nähere Daten bitten, d.h. Wohnort, Geburtsdatum usw.

Mit freundlichen Grüßen

(H. Dahlmeyer)

Antwort vom Vorsitzenden der FDP-Fraktion im Bundestag Wolfgang Mischnick.

In der Bundesrepublik waren das der damalige Vorsitzende der FDP-Fraktion im Bundestag, Wolfgang Mischnick, und Hans-Jürgen Wischnewski, damals Staatsminister beim Bundeskanzler Helmut Schmidt. Beide sagten gegenüber meinem Onkel ihre Unterstützung zu und wollten sich für unsere Ausreise einsetzen.

HANS-JÜRGEN WISCHNEWSKI
STAATSMINISTER BEIM BUNDESKANZLER

22 - 83105 - Fa 5

5300 BONN 12, DEN   6 Janua
POSTFACH   mn
ADENAUERALLEE 141
FERNRUF: DURCHWAHL 56 20 30

Herrn

Karlheinz Mrazek

Schmittgasse 39 a

5000 Köln 90

Sehr geehrter Herr Mrazek,

vielen Dank für Ihren Brief vom 5. Dezember 1977 zu dem Ausreise-
anliegen Ihres Bruders aus der DDR. Leider kann ich Ihnen erst
jetzt antworten. Der Fall ist inzwischen jedoch erneut geprüft
worden. Sie dürfen darauf vertrauen, daß die Bundesregierung alle
geeigneten Maßnahmen ergreift, um der Familie Ihres Bruders zu he
fen. Bitte haben Sie Verständnis dafür, wenn genauere Erfolgsvor-
hersagen noch immer nicht möglich sind, zumal die Entscheidung üb
die angestrebte Lösung bei der anderen Seite liegt. Regelmäßig is
mit Schwierigkeiten bei den zuständigen Organen der DDR gerade da
zu rechnen, wenn beruflich besonders qualifizierte Menschen sich
eine Ausreisegenehmigung bemühen. Ich weiß, was es für alle Betei
bedeutet, wenn ihnen in dieser Lage immer wieder sehr viel Geduld
verlangt wird. Das Bundesministerium für innerdeutsche Beziehunge
wird Sie über die weitere Entwicklung unterrichten und jederzeit,
zur Frage der Einreiseverweigerungen, sachkundig beraten.

Mit freundlichen Grüßen

Brief von Hans-Jürgen Wischnewski, Staatsminister beim Bundeskanzler.

50

Sie waren es, die uns rieten, mehr Druck hinter unserem Antrag zu machen, allerdings ohne Anweisungen und Angaben, was wir konkret unternehmen sollten.

Solch ein Schreiben hatte mein Onkel natürlich nicht mit der Post abschicken können. Das Risiko, dass die Stasi diesen Brief kontrollierte und abfing, war viel zu groß. Schon öfter waren Briefe oder Pakete aus dem Westen bei uns nicht angekommen und das nicht erst seit unserer Antragstellung Ende 1975. Deshalb war es ein glücklicher Zufall, dass eine Verwandte von uns zu dieser Zeit als Rentnerin Richtung Westen reisen durfte. Sie kannte meinen Onkel, besuchte ihn und bei dieser Gelegenheit übergab er ihr diesen wichtigen Brief, den sie uns mitbrachte. Wir beratschlagten, was zu tun sei. Mein Vater plädierte für eine öffentliche Plakat-Aktion gegen die SED und die DDR. Ich dagegen war weiterhin für meine Aktion an der Berliner Mauer, so wie ich es meinen Eltern an meinem 17. Geburtstag schon angekündigt hatte. Mittlerweile war mir auch klar, wo ich das durchziehen wollte, nämlich genau am Brandenburger Tor, an der vielbeachteten Nahtstelle zwischen Ost und West.

Mein Hauptargument war, dass mein Vater meiner Mutter viel besser beistehen könne, wenn ich im Gefängnis wäre, als ich meiner Mutter, wenn mein Vater im Gefängnis säße. Außerdem, führte ich erneut an, würde ich ja bald volljährig und müsste dann sowieso einen eigenen Antrag auf Entlassung aus der Staatsbürgerschaft stellen. Da könne ich genauso gut schon vorher ein entschlossenes Zeichen setzen, in erster Linie für mich, aber auch für meine Eltern und meinen Bruder.

In langen Gesprächen wogen wir immer wieder das Für und Wider gegeneinander ab. Schließlich einigten wir uns auf meinen Plan. Dieser Plan veränderte mein Leben grundlegend.

Hinter der Grenzlinie – Mein längster Augenblick

Am Morgen des 14. September verließ ich unsere Wohnung und das Haus »Am Schillerplatz 6« in Bischofswerda, um nach Berlin an die Mauer zu fahren und meinen riskanten Plan umzusetzen. Als ich die Wohnungstür zuzog, und sie losließ, hatte ich das Gefühl, mein bisheriges Leben loszulassen. Vor diesem Tag hatte ich mich seit Wochen gefürchtet, hatte Ängste ausgestanden und immer wieder überlegt, ob es wohl richtig sei, was ich vorhatte. Aber ich musste gehen, wenn ich mein Ziel, in den Westen zu kommen, erreichen wollte. Davon war ich zutiefst überzeugt.

Das Haus, in dem ich mit meinen Eltern und meinem Bruder wohnte, war etwa zur Jahrhundertwende erbaut worden. Im Hausflur roch es immer etwas muffig, speziell von der Fäkaliengrube unter dem Haus und den Außentoiletten. Für mich ein vertrauter und gewohnter Geruch. Ich kannte es ja nicht anders.

Wir wohnten im Erdgeschoss. Als ich aus der Haustür trat, warf ich einen letzten Blick von außen auf das Fenster meines Zimmers, das ich mir mit meinem jüngeren Bruder teilte, und auf unser Wohnzimmerfenster. Mein Bruder war zu diesem Zeitpunkt in der Schule. Er wusste nichts von meinem Vorhaben. Deshalb konnte ich mich von ihm nur still verabschieden. Ich war tieftraurig, voller Angst und Ungewissheit, wie noch nie bis dahin in meinem Leben. Ich war 17 Jahre alt und verließ mein Nest für immer.

Am Abend zuvor hatte ich mir am Bahnhof Bischofswerda die Fahrkarte nach Berlin gekauft. Sie war aus Pappe. Darauf stand »Berlin, Ostbahnhof, einfache Fahrt«. Wieder zurück in der Wohnung, zeigte ich meinen Eltern die Fahrkarte. Sie waren die Einzigen, die wussten, was ich vorhatte und für wann ich es geplant hatte.

Ich versicherte ihnen an diesem Abend noch einmal, dass ich mich nur festnehmen lassen werde. Entgegen meinen Erwartungen, war dieses Gespräch klar und sachlich. So

Am Schillerplatz 6: Außenansicht unserer Wohnung im Erdgeschoss. Links neben der Haustür war das Kinderzimmer und links daneben das Wohnzimmer, Juni 1990.

wollten wir drei die emotionale Anspannung am Vorabend meiner »Grenzüberschreitung« überspielen. Aber natürlich wusste ich, dass sie große Angst um »ihren Großen« hatten. Ich hatte ja schließlich auch Angst, und das nicht zu knapp.

Ich hoffte, durch die Wahl des Ortes, mein Risiko etwas zu reduzieren. Am Brandenburger Tor gab es sowohl auf der West- wie auf der Ostseite immer viele Touristen, die fotografierten und das Bauwerk samt Grenzverlauf zu erfassen versuchten. Das hatte ich auf Fotos und im Fernsehen gesehen. Bis zu diesem Tag war ich vorher noch nie selbst an diesem Ort gewesen, aber ich ging davon aus, dass die Grenzer wegen der Touristen größere Hemmungen haben würden, auf mich zu schießen. Auf einen unbewaffneten Menschen in aller Öffentlichkeit zu schießen noch dazu vielleicht auf Fotos festgehalten, hätte der um ihren internationalen Ruf besorgten DDR-Regierung schweren Schaden zufügen können. Trotzdem war dies nicht restlos auszuschließen und so blieb es für mich ein lebensgefährliches Risiko. Ich hatte kalte Angst vor diesem Schritt. Es war ein sonniger Tag mit milden Temperaturen. Ich trug blaue Jeans, einen schwarzen Rollkragenpullover und einen grünen Parka mit Fellfütterung. Eigentlich war ich viel zu warm für diesen Tag angezogen, aber ich wusste ja nicht, welche Temperaturen mich im Knast erwarten würden. Ich ging davon aus, dass ich länger eingesperrt sein würde. Später sollte ich mir dankbar für diese Entscheidung sein.

Meine Mutter hatte ich an diesem Morgen noch gesehen. Wir weinten beide als wir uns zum Abschied fest umarmten und ich ihr noch einmal versprach, kein größeres Risiko einzugehen als ohnehin schon. Was immer das bei einer solchen Aktion auch bedeuten mochte. Dieser Moment, der Abschied von meiner Mutter, war furchtbar hart und ich hatte mich seit Wochen davor gefürchtet. Wir wussten beide nicht, ob und wann wir uns wiedersehen würden. Zum Abschied sagte sie zu mir: »Mach's gut«. Dann musste sie zur Arbeit.

Von meinem Vater hatte ich mich bereits am Vorabend verabschiedet. Wir hatten uns fest in die Arme genommen. Es war einer dieser seltenen Momente zwischen Vater und Sohn, bei dem wir uns gegenseitig unsere Gefühle zeigten. Er war wie üblich ganz früh zur Arbeit nach Dresden gefahren. Nach außen sollte alles so wie immer aussehen. Nichts sollte auf das Vorhaben hindeuten, zu dem ich mich entschlossen hatte und zu dem ich nun unterwegs war. Schon gar nicht sollte die Staatssicherheit irgendetwas ahnen, die uns sicher verstärkt unter Beobachtung hatte, wie ich bereits von meinem Meister im Juni erfahren hatte. Trotz meiner Ängste vor diesem Tag hatte ich erstaunlich gut geschlafen, war ausgeruht und fit. Mir war klar, dass ich dieses Haus, in dem ich seit zehn Jahren wohnte, nun für immer verlasse. Es war ein Donnerstag. Morgen Abend würde Disco sein bei uns im Kulturhaus. Ich liebte es, dort zu sein, zu tanzen, mich mit Freunden zu treffen, Mädchen kennenzulernen. Eben Dinge zu tun, die 17-jährige Teenager begeistern.

Natürlich wäre ich auch an diesem Freitag viel lieber dorthin gegangen, als nun von Angst und Selbstzweifeln geplagt nach Berlin zu fahren, mit der quälenden Ungewissheit, was dort passieren würde. Vielleicht würden sie mich abknallen …

Der Schillerpark vor unserem Wohnhaus, er war dicht bewachsen mit Laubbäumen, dominiert von einer mächtigen Trauerbuche, Rhododendronsträuchern und Beeten voller Blumen. Alles noch richtig grün, von Herbst noch keine Spur. Fast zehn Jahre wohnten wir »Am Schillerplatz 6« auf rund 50 Quadratmetern mit Plumpsklo eine Treppe tiefer neben dem Keller.

An der Ecke Schillerplatz und Bischofstraße lag rechts von mir die »Bäckerei Katzer«. Dort duftete es oft nach frisch gebackenen Semmeln und Kuchen. So auch an diesem Tag. Der Bäcker hatte noch eine eigene Backstube. In den Ferien schickten mich meine Eltern manchmal am Samstagmorgen los, um für frische Semmeln anzustehen. Um sieben Uhr öffnete der Laden, spätestens eine halbe Stunde vorher sollte man sich in die Warteschlange eingereiht haben, um von der ersten Lieferung aus der Backstube etwas abzubekommen. Als Kind träumte ich manchmal davon, nachts dort eingeschlossen zu sein, um mich über die Köstlichkeiten herzumachen. Mit diesen Gedanken ging ich weiter zum nahegelegenen Bahnhof.

Dabei passierte ich auch das Gebäude der Staatssicherheit. Wenn die da drinnen auch nur geahnt hätten, was ich gerade

Das Gebäude der Staatssicherheit, Aufnahme vom Oktober 1990.

vorhatte. Sie wären vor Wut im Dreieck gesprungen. Aber vielleicht beobachtete und verfolgte mich ja auch schon einer ihrer Leute oder gar mehrere, weil sie mitbekommen hatten, dass ich mir gestern Abend am Bahnhof die Fahrkarte nach Berlin gekauft hatte. Alles war möglich, zumal wir kurz zuvor den DDR-Behörden mitgeteilt hatten, dass unsere Geduld am Ende sei. Wir seien nun entschlossener denn je, diesen Staat zu verlassen, und sei es durch Flucht.

Trabbis und Wartburg knatterten vorbei mit dem charakteristischen Motorengeräusch ihrer Zweitaktmotoren. Sie hinterließen die ebenso typischen Abgase, deren unverwechselbarer und vertrauter Geruch mir in die Nase stieg. Ich lief an den Häusern vorbei, in denen meine Freunde wohnten, die ich kannte, so lange ich denken konnte. Schon Hunderte Male gelaufen. Ich nahm meine Umgebung wie durch ein Brennglas war. Alles war so vertraut. Es würde nie mehr so sein. Ich war tieftraurig.

Bischofswerda, den 25.8.1978

Christian Mrazek
85 Bischofswerda
Am Schillerplatz 6

Rat des Kreises
Abt. Inneres

85 Bischofswerda
Str.d.Befreiung

Betr.: Antrag auf Ausreise in die Bundesrepublik
Deutschland

Seit November 1975 bemühe ich mich um die Ausreise für mich
und meine Familie.
Leider hielten es die dafür zuständigen Behörden bis heute
nicht für nötig, mich schriftlich über den Stand dieser Angelegenheit zu informieren.
In sogenannten Aussprachen erklärte man unseren Antrag für
gesetzwidrig und forderte uns auf, diesen Ausreiseantrag
schriftlich zurückzuziehen.
Dies steht meiner Meinung nach im Widerspruch zur Schluß-
akte der Konferenz über Sicherheit und Zusammenarbeit in
Europa von Helsinki. Da heißt es unter dem Stichwort
"Zusammenarbeit im humanitären Bereich (b Familienzusammenführung) und ich zitiere das ND vom 2.8.1975

" Die Teilnehmerstaaten werden im positiven und humanitären
Geist Gesuche von Personen behandeln, die mit Angehörigen
ihrer Familie zusammengeführt werden möchten."

Desweiteren bestätigen sie, daß die Einreichung eines Gesuches
betreffend Familienzusammenführung zu keiner Veränderung der
Rechte und Pflichten des Gesuchstellers oder seiner Familien-
mitglieder führen darf.

Seit unserer Antragstellung sind zwar unsere Pflichten geblieben, doch unsere Rechte ?

Nachweisbar befinden sich meine Verwandten 1. Grades in der
Bundesrepublik. Dies wurde mir in einer Aussprache beim Rat
des Kreises vom Leiter der Abt. Inneres bestätigt.

Da Sie bis auf den heutigen Tag jegliche elementare Fairness
in unserer Angelegenheit vermissen ließen, möchte ich nicht
die gleiche Gangart einschlagen.

Schreiben meines Vaters an den Rat des Kreises, in dem er darauf drängt,
seinem Ausreiseantrag stattzugeben.

Somit teile ich Ihnen hierdurch mit, daß ich nun fest entschlossen bin, meine Grundrechte als freier Bürger eines
Staates in Anspruch zu nehmen und verweise nochmals auf
das Abkommen von Helsinki und die UNO Menschenrechtskon-
vention. Beide Dokumente tragen auch die Unterschriften
von Staatsmännern der DDR.

Wir sind fest entschlossen, diesen Staat, mit dem uns
nichts mehr verbindet und mit welchem wir uns nicht
identifizieren, zu verlassen.

Wir erwarten von Ihnen unverzüglich einen positiven Bescheid.

Im anderen Falle sehen wir uns gezwungen, die DDR auf
illegalem Weg (Flucht) zu verlassen.

Die Konsequenzen nehmen wir in vollem Umfang in Kauf.

Im letzten Satz kündigt mein Vater an, die DDR illegal zu verlassen, sollten
die Behörden nicht einlenken.

Am Bahnhof angekommen, musste ich ein paar Minuten auf den Zug warten. Er sollte mich nach Dresden bringen.

Dort wollte ich umsteigen Richtung Ostberlin. Mit mir waren nur wenige andere Menschen am grauen und trostlosen Bahnsteig, der mir an diesem Tag trotz des schönen Wetters noch trister vorkam als sonst. Zum Glück traf ich keine Bekannten oder Freunde. So konnte ich mit meinen Gedanken für mich bleiben. Ich war in dieser angespannten Situation nicht zu Konversation aufgelegt, denn ich hatte genug damit zu tun, gegen meinen inneren Schweinehund und meine Angst vor dem, was ich vorhatte, anzukämpfen. Außerdem schaute ich mich immer wieder verstohlen um, ob mir die Staatssicherheit nicht vielleicht doch auf den Fersen war. Es sah nicht danach aus.

Sicher war ich mir aber nicht.

Schließlich fuhr der Zug aus Richtung Bautzen kommend langsam in den Bahnhof ein und hielt direkt vor mir. Als ich einstieg, fühlte ich mich, als stiege ich in den Express zum Schafott. Jedenfalls so etwas in der Art. Ich setzte mich in Fahrtrichtung rechts an einen Fensterplatz. Das Abteil war nur spärlich besetzt.

Gleich nachdem der Zug langsam den Bahnhof verlassen hatte, passierte er eine Brücke. Von ihr blickte ich auf meinen früheren Kindergarten, den »Herrmannstift«.

Es war eine christliche Einrichtung, in der ich christliche Lieder mitsingen musste, deren Texte ich weder kannte noch verstand. Es war ein düsteres Gebäude mit langen Bogengängen und Steintreppen. Als Kind hatte ich mich dort nie richtig wohlgefühlt. Zum Glück gab es Tante Ruth, die Betreuerin meiner Kindergartengruppe. Ich mochte sie sehr, weil sie immer ein liebes Wort für mich hatte und meiner Oma ähnelte.

Zugfahrt nach Berlin und Reise durch die Vergangenheit: mein Kindergarten »Hermannstift«.

Während meiner Zugfahrt nach Berlin sah ich immer wieder Menschen und Orte vor mir, die ich nun für lange oder gar für immer verließ. Freunde, Bekannte, Verwandte, die Orte meiner Kindheit und Jugend. Das Schlimmste daran war, dass ich in den Wochen und Monaten, als meine Fluchtpläne schon festgestanden hatten, mit niemandem außer meinen Eltern darüber reden konnte, nicht einmal mit meinem Bruder. Nicht, dass er mich absichtlich verraten hätte. Aber er war damals gerade 13 Jahre alt. Eine unbedachte Äußerung hätte mich und meine Pläne verraten können.

Aus diesem Grund blieb mir kein Wort des Abschieds, der Trauer oder des Bedauerns, dass ich nun ging und alle verließ.

Aber ich musste es tun, wenn ich mein Leben selbst bestimmen wollte. Ich ging ja nicht wegen ihnen, sondern weil ich in der DDR mit meiner Einstellung keine Chance hatte, meine Wünsche und Ziele umzusetzen. Ich durfte nicht studieren. Die Welt wäre bis an mein Lebensende an der Mauer zu Ende gewesen. Die ganze DDR schien mir in jeder Hinsicht zu eng und im wahrsten Sinne begrenzt.

In Gedanken bei mir – mein Bruder Ralf. Noch zwei Monate vor meiner Aktion am Brandenburger Tor waren wir gemeinsam an der Ostsee.

Deshalb ging ich fort. Kein Wort der Erklärung für die, die es verdient hätten als Freunde, die ich mochte, liebte und achtete. Meine Zweifel, Hoffnungen, Ängste – alles musste ich mit mir selbst ausmachen. Außer mit meinen Eltern konnte ich mit niemandem darüber reden.

Um die Mittagszeit erreichte ich den Berliner Ostbahnhof. Ich war fast überrascht, es überhaupt bis dorthin geschafft zu haben. Denn eigentlich war ich davon ausgegangen, ja, ich war überzeugt davon, dass mich die Stasi auf Schritt und Tritt überwachen würde. Ich hatte damit gerechnet, dass die Genossen alarmiert sein würden, weil ich kurzfristig Urlaub für den 14. und 15. September beantragt hatte. Das hätte mein Lehrmeister eigentlich gemeldet haben müssen. Spätestens aber hätten sie alarmiert sein sollen, als ich am 13. meine Fahrkarte nach Berlin gekauft hatte. Ich war davon ausgegangen, dass die Bahnangestellte, die mir die Fahrkarte verkauft hatte, dies an die Staatssicherheit weitergeben hatte. Doch nichts war geschehen. Niemand heftete sich an meine Fersen. Es gab Augenblicke, da hatte ich sogar im Stillen gehofft, dass einer von denen käme und mich unter irgendeinem Vorwand festnähme. Dann hätte ich meinen Plan gestanden und wäre sicher allein schon dafür verurteilt und ins Gefängnis gekommen. Dann wäre mir meine riskante Grenzaktion erspart geblieben.

Doch nichts dergleichen geschah.

Entweder hatte mein Lehrmeister die Informationen nicht weitergeben oder die sogenannten Sicherheitsorgane hatten mir eine solche Aktion nicht zugetraut, die Situation falsch eingeschätzt oder einfach nichts mitbekommen …

Vom Berliner Ostbahnhof aus wusste ich erst einmal nicht, welche Richtung ich zum Brandenburger Tor einschlagen musste.

Ich war zum dritten Mal in meinem Leben in Ostberlin. Zum ersten Mal war das 1970 mit meinen Eltern. Wir trafen uns damals dort mit dem Bruder meines Vaters, dessen Frau und meiner Oma, der Mutter meines Vaters – für mich die erste Begegnung mit meiner Westberliner Verwandtschaft. Der tränenreiche Abschied kurz vor Mitternacht im »Tränenpalast« am Bahnhof Friedrichstraße gehörte zu den tiefsten Eindrücken meines damals zehnjährigen Lebens. Ich begriff die Zusammenhänge noch nicht, aber bekam zum ersten Mal eine Vorstellung von »der Mauer«.

Das zweite Mal hatte ich Ostberlin 1973 anlässlich einer Klassenfahrt besucht. Während einer S-Bahn-Fahrt fuhren wir durch den Mauerstreifen so nahe an der Mauer entlang, dass ich sehen konnte, wie uns Menschen aus Doppelstockbussen von Westberlin aus zuwinkten. So nah und doch eine völlig unerreichbare Welt.

Einen Stadtplan von Ostberlin hatte ich auch beim dritten Mal nicht dabei. Zunächst orientierte ich mich am Fernsehturm am Alexanderplatz. Im Fernsehen hatte ich einmal gesehen, dass man von dort oben aus das Brandenburger Tor sehen konnte. Die Straße »Unter den Linden« führte direkt auf das Tor zu, so meine Erinnerung. Dieses Wenige war erst einmal meine einzige Orientierung. Ich lief also zunächst Richtung »Alex«. Dort angekommen, vorbei am Roten Rathaus, so genannt wegen seiner roten Backsteine. Ich ließ das Staatsratsgebäude links liegen. Als architektonische Besonderheit hatte die DDR-Regierung das Hauptportal des alten Berliner Stadtschlosses in den Neubau integrieren lassen. Von dessen Balkon hatte Karl Liebknecht im November 1918 nach dem Untergang des Deutschen Kaiserreichs die »Sozialistische Räterepublik Deutschland« ausgerufen. In der Schule hatten wir im Heimatkunde- und Geschichtsunterricht immer wieder davon gehört. Außerdem sah ich während meines Fußmarschs zum Brandenburger Tor zum ersten Mal den »Palast der Republik«, wie er offiziell hieß. Er war zwei Jahre zuvor am Standort des ehemaligen Stadtschlosses eröffnet worden, als sozialistisches Gegenstück zum ideologisch verhassten aristokratischen Vorgänger. Tausende Lampen leuchteten im Inneren des Gebäudes. Deshalb nannte ihn der Volksmund schon bald »Erichs Lampenladen«. Wegen der immensen

Kosten wurde er auch »Ballast der Republik« genannt. Woran ich alles denken musste …

Ich lief weiter und erreichte die Straße »Unter den Linden«. Dort drehte ich mich nach links. Am Ende der Allee sah ich es – das Brandenburger Tor. Es war noch mehrere Hundert Meter entfernt. Bis zu diesem Zeitpunkt war ich so darauf konzentriert gewesen, den Weg dorthin zu finden, dass ich fast vergessen hatte, warum ich dorthin wollte.

Nun lag es vor mir, ich sah es von Weitem. Mein Plan galt. Doch mit jedem Schritt wurde meine Angst größer und lähmender. Meine Gedanken gingen in alle Richtungen. Ich sah die schrecklichen Bilder aus dem Westfernsehen von Peter Fechter vor mir, der im August 1962 elend verblutet war, nachdem ihm DDR-Grenzer bei seinem Fluchtversuch Richtung Westberlin angeschossen hatten. Was würde mit mir passieren? Schon so viele Menschen, die aus der DDR raus wollten, wurden Opfer dieser Grenze. Ich hatte solch furchtbare Angst, dass ich das Brandenburger Tor nur noch verschwommen und wie durch einen Schleier wahrnahm. Ich wollte nicht und ging doch weiter – mit Tunnelblick auf das Tor zu. Mir war klar, wenn ich dort ankäme, würde mein Leben, wie ich es bisher kannte, zu Ende sein. So oder so.

Auf dem Weg dorthin passierte ich die sowjetische Botschaft. Die diplomatische Vertretung jenes Staates, der für den Aufbau des Sozialismus in Ostdeutschland gesorgt hatte. Und war die Sowjetunion nicht auch mitverantwortlich für die Berliner Mauer, auf die ich jetzt zulief und nicht wusste, ob ich das überleben würde.

Gegen 13 Uhr erreichte ich die Schranke, die den Zugang zum »Pariser Platz« und zum Brandenburger Tor absperrte. Die Schranke war damals dort, wo sich heute der Hauptein-gang des wiedererrichteten »Hotel Adlon« befindet.

Der »Pariser Platz« war etwa 200 mal 200 Meter groß und von Bäumen umringt, die bis zu beiden Seiten des Branden-burger Tors standen. Das alles war militärisches Sperrgebiet und nur unter Lebensgefahr zu betreten!

Durch das Brandenburger Tor hindurch sah ich weit hinten am Ende der »Straße des 17. Juni« die Siegessäule, obenauf eine goldene Statue, die in der Sonne glänzte. Zu Fuß hätte ich bis dorthin nur ein paar Minuten gebraucht. In diesem Moment jedoch stand sie für mich in unerreichbarer Ferne, in einer Welt, von der mir jede Vorstellung fehlte. Zwischen dieser Welt und mir lag der Grenzstreifen. Und die tödliche Gefahr für jeden, der dieses militärische Sperrgebiet zwischen der Schranke und der Mauer ohne Genehmigung betrat. Ich brauchte ein paar Minuten, um mich zu orientieren. Wie erhofft, hielten sich auch auf der Ostseite viele Touristen auf, die das Brandenburger Tor fotografierten und filmten. Allerdings standen die DDR-Grenzer zu diesem Zeitpunkt noch sehr weit von mir entfernt. Wenn ich jetzt die Schranke passieren würde, könnten sie vielleicht schneller zur Waffe greifen und schießen, so meine Überlegung.

Also wartete ich ab.

Etwa 40 Meter links von mir gab es ein Meldepostenhaus. Dorthin ging einer der DDR-Grenzer, wahrscheinlich um telefonisch etwas durchzugeben.

Ich beschloss: Wenn er das Postenhaus verlässt, gehe ich los. Es dauerte einige Minuten. Endlose Minuten. In dieser Zeit klopfte mein Herz immer schneller und kräftiger. Ich spürte jeden Schlag. Ich hörte mein Blut in den Ohren rauschen. Meine Knie zitterten. Ich konnte kaum noch atmen vor Aufregung und Anspannung. Mit jeder Sekunde wurde es schlimmer. Ich sah die Touristen um mich herum nicht mehr, hörte keine Stimmen und keinen Autolärm mehr, sondern sah nur noch das Postenhaus und dessen Tür.

Sollte ich gehen, wenn er wieder herauskommt? Oder doch nicht? Ich fühlte mich wie vor einem unendlichen Abgrund. Nur noch ein Schritt …

Noch hätte ich mich einfach umdrehen und wieder gehen können. Niemand außer mir und meinen Eltern wusste, dass ich in Berlin war und warum ich hier stand. Einfach umdrehen, zum Bahnhof laufen und zurück nach Bischofswerda fahren. Meine Eltern hätten das sicher verstanden. Aber dann wären all die Ängste, Zweifel und Albträume der vergangenen Wochen und Monate umsonst gewesen. Alles wäre wieder von vorn losgegangen. Ich war mir in diesem Moment auch nicht sicher, ob ich noch einmal den Mut und die Kraft aufbringen würde, das alles noch einmal durchzustehen. Nein, das konnte ich mir und meinen Eltern nicht antun.

Vorwärtsgehen? Umdrehen? Doch gehen? In meinem Kopf überschlug sich alles.

Der Grenzer kam wieder heraus. Für mich der Moment zum Handeln.

Ich drängte mich an den Touristen vorbei unter der Schranke hindurch ins Grenzgebiet. Meine Entscheidung war gefallen.

Plötzlich empfand ich eine unendliche Ruhe in mir. Ich lief auf den Soldaten zu, er auf mich.

Ich riss meinen Parka auf und meine Hände hoch, um dem Soldaten zu zeigen, ich habe keine Waffe bei mir, bin unbewaffnet. Dabei bemühte ich mich, den Soldaten vor und die Touristen etwas weiter hinter mir im Rücken zu haben, in der Hoffnung, dass er so nicht auf mich schießen würde. Trotzdem riss er seine sowjetische Kalaschnikow von der Schulter, entsicherte sie und richtete sie direkt auf mich. Er war noch recht jung. Ich denke, so Anfang 20. Etwas älter als ich mit meinen 17 Jahren. Wir blieben voreinander stehen.

Das alles nahm ich glasklar und wie in Zeitlupe wahr. Ideologisch trennten uns Welten, in der Realität nur wenige Meter. Er wusste nichts von mir, ich nichts von ihm. Ich hatte entsetzliche Angst vor seiner Kalaschnikow. Die hielt er weiterhin direkt auf mich. Er musste nur noch abdrücken. Meine Angst war unbewaffnet. In diesem Moment war mir alles egal. Leben oder Tod. Freiheit oder Ende.

Er fragte: »Wohin?«

Mir fiel nichts Besseres ein als zu erwidern: »In den Westen«.

Und er: »Mitkommen!«
Kein Schuss fiel.
Ich lebte!!!!
Ich war nicht schwerverletzt, verstümmelt oder getötet.
Mein Plan war fürs Erste aufgegangen …

An der Wand mit der Kalaschnikow im Rücken

Der junge Grenzer führte mich nach links in ein graues, mehrstöckiges Gebäude innerhalb des Grenzgebiets am Brandenburger Tor. Dort musste ich mich in einem fensterlosen Raum an eine Wand stellen mit erhobenen Armen, gespreizten Beinen und gebeugten Knien. Schon nach wenigen Minuten spürte ich meine Arme kaum noch und meine Beinmuskeln brannten wie Feuer. Der Kalaschnikow-Träger stand die ganze Zeit hinter mir mit schussbereiter Waffe. Als ich mich einmal herumdrehte, stieß er mir den Gewehrkolben in die Seite. Er fauchte gehässig »Gesicht zur Wand! Auf solche wie dich haben wir nur gewartet.« Nach etwa zwei qualvollen Stunden an dieser Wand und dem Kalaschnikow-Bewaffneten im Rücken, führte dieser mich in einen anderen Raum.

Dort saß offenbar der diensthabende Chef. Das erste, was mir auffiel, war ein damals noch übliches Röhrenradio, auf dessen Senderskala die Sender der DDR gekennzeichnet worden waren. Offenbar traute man selbst den Grenzer-Genossen nicht über den Weg, die heimlich Feindsender aus dem Westen hören könnten.

Das Radio stand auf einem Schreibtisch und der in einem kleinen Erker. Er hatte an der Stirnseite ein vergittertes Fenster. Davor verlief eine Mauer, über die man ins Grenzgebiet schauen konnte. Viele Meter dahinter stand die »richtige« Mauer, die vor der unmittelbaren Grenzlinie zu Westberlin. Hinter dieser Mauer wäre ich zu diesem Zeitpunkt gerne gewesen. Dann hätte nur noch ein Schritt bis zu meinem Ziel genügt.

Stattdessen musste ich nun meine persönlichen Sachen wie Ausweis und Portemonnaie abgeben. Außerdem sollte ich das Geld zählen, das sich darin befand. Das fiel mir schwer. Nach dem langen Stehen an der Wand konnte ich meine blutleeren Finger kaum noch bewegen. Auch meine brennenden Beinmuskeln zitterten noch. Ich muss lächerlich ausgesehen haben. Der Diensthabende fragte mich nach meinen persönlichen Angaben wie Name, Adresse, Alter usw. und nach meinen Motiven. Die nannte ich ihm nur allzu gern. Aber seinem Gesichtsausdruck entnahm ich, dass er sie natürlich nicht nachvollziehen konnte, geschweige denn verstehen, was mich keinesfalls überraschte. Zwischendurch telefonierte er mehrmals. Außerdem wollte er wissen, ob ich noch Mittäter oder Mitwisser hätte und ob jemand vom Westen aus meine Aktion beobachtet hatte. Alle diese Fragen verneinte ich. Nach etwa einer Stunde Befragung erschienen zwei DDR-Polizisten. An sie wurde ich übergeben. Sie legten mir Handschellen an, dann brachten sie mich zu ihrem Dienstwagen, einem sowjetischen Auto der Marke ›Wolga‹. Es war das erste Mal überhaupt, dass ich in einem solchen Auto saß.

Ich sollte mich auf den Rücksitz setzen, und die beiden drängten sich mit gezogenen Dienstpistolen jeweils rechts und links neben mich. Die würden sie benutzen, wenn ich versuchen sollte zu fliehen, gaben sie mir zu verstehen. Sie hatten ja keine Ahnung, wie fern mir Fluchtgedanken waren, denn ich war ja in genau der Situation, in der ich sein wollte, die ich trotz großer Gefahr bewusst herbeigeführt hatte.

Zunächst fuhren sie mit mir in ein Krankenhaus zur ärztlichen Untersuchung. Während der Fahrt durch Ostberlin schaute ich nach draußen auf die Menschen, die vorübergingen, und die Autos, die vorbeifuhren. Noch ein paar Stunden zuvor gehörte ich zu ihnen, war das meine Welt, nun nicht mehr. Es war meine erste Autofahrt durch Ostberlin und ich hoffte, es würde auch meine letzte sein, zumindest als Bürger der DDR.

Nach etwa einer Viertelstunde kamen wir im Krankenhaus an. Mit gezogenen Pistolen führten mich die beiden

Polizisten über einen langen Flur in ein Behandlungszimmer und warteten mit mir, bis der Arzt kam. Erst dann nahmen sie mir die Handschellen ab und verließen den Raum. Ich wurde gründlich untersucht und es wurde getestet, ob ich unter Alkohol oder anderen Drogen stünde, ob ich geistig klar und überhaupt generell hafttauglich sei. Offenbar war ich das, denn anschließend brachten sie mich ins Polizei-präsidium in der Keibelstraße in Berlin, wo sich auch die U-Haftanstalt befand.

Während der Fahrt dorthin sagte mir einer der DDR-Polizisten, dass ich mir wegen dieser Dummheit mein ganzes Leben ruiniert hätte.

Da war ich allerdings fundamental anderer Meinung.

»Grüne Hölle« Keibelstraße

Meine Zelle in der Ostberliner Keibelstraße maß etwa zwei-einhalb mal dreieinhalb Meter und befand sich im Keller-geschoss. An der Wand ein einfaches Holz-Regal, dazu ein Holzhocker und eine Tischplatte, die außer zum Essen die ganze Zeit an die Wand geklappt bleiben musste. Gegenüber der Zellentür gab es ein schmales Fenster aus Glasziegeln. Es diente auch als Luftschacht. Direkt rechts neben der Eingangs-tür befand sich eine freistehende Toilette mit Wasserspülung. Wasserhahn und Waschbecken gab es nicht. Waschen musste ich mich in einer Schüssel. Das Wasser wurde morgens und abends in einem Blechkrug in meine Zelle gebracht. Es war kalt und reichte gerade für die notdürftige Körperhygiene, inklusive Zähneputzen. Außerdem stand ein Doppelstock-bett aus Metall in der Zelle. Offenbar war der enge Raum als Zwei-Mann-Zelle gedacht.

Der Bettenbau war streng reglementiert. Für die Filzde-cken (»Eigentum Ministerium des Inneren« stand darauf; als ob jemals jemand die Idee hatte, die Dinger zu klauen, quasi als Souvenir) gab es einen blau-weiß karierten Überzug. Der musste genau im rechten Winkel ausgerichtet und ebenso gefaltet, faltenfrei auf dem Bett liegen.

Jede Nacht holte mich die Stasi zum Verhör. Immer stellte der jeweilige Vernehmer die gleichen Fragen: Ob ich alleine gehandelt habe, ob jemand von meinem Vorhaben gewusst habe, ob das alles jemand vom Westen aus beobachtet habe? Natürlich fragte auch er nach meinen Motiven. Neben dem Vernehmer stand eine Lampe, deren Lichtstrahl mir während der Verhöre ständig und direkt ins Gesicht schien und mich blendete. So konnte ich ihn nur als Kontur sehen. Für mich verstörend und bedrohend. Es war wie in einem Film. Die Verhöre selbst verliefen in einem sachlich korrekten Ton. Wenn ich wollte, bekam ich auch belegte Brote. Meistens wollte ich nicht. Ich war viel zu aufgeregt. Diese Verhöre wiederholten sich immer wieder – stundenlang und jede Nacht.

Kurz nachdem das Licht in meiner Zelle von außen gelöscht worden war, holten sie mich zum Verhör und kurz bevor die Nachtruhe vorbei war, brachten sie mich zurück in meine Einzelzelle. Der Weg zum und vom Verhör führte durch lange Gänge, deren Wände mit grüner Lackfarbe gestrichen waren. Deshalb hieß dieser Ort unter den Untersuchungshäftlingen die »Grüne Hölle«.

Tagsüber durfte ich mich nicht aufs Bett legen. Zur Kontrolle diente der Bettenbau. Jede Falte, jeder Verstoß gegen den rechten Winkel auf dem karierten Bettbezug hätte mich verraten. Also lief ich stundenlang in der Zelle hin und her. Vier Schritte von der Tür zur Wand, herumdrehen und vier Schritte zurück zur Tür. Eine Tür, die ich zum ersten Mal in meinem Leben nicht selbst öffnen konnte. Um mich zu beschäftigen, machte ich Liegestütze und Kniebeugen. Neben der Toilette lag Bohnerwachs, eingewickelt in Zeitungspapier. Es war eine halbe Seite aus dem »Neuen Deutschland«, dem Zentralorgan der Sozialistischen Einheitspartei Deutschlands, der SED. Da ich sonst nichts anderes hatte, las ich den Fetzen Papier jeden Tag mehrmals. Er stammte von Anfang September und enthielt einen Bericht von der Leipziger Herbstmesse.

Wie üblich wurden die großen Leistungen der DDR beim Ausbau des Sozialismus bejubelt, die sich in deren Ausstellungsprodukten auf der Messe widerspiegelten. Nie hätte ich gedacht, dass ich einmal so intensiv die Propaganda der Staatspartei lesen würde.

Manchmal war ich so müde, dass ich buchstäblich im Stehen oder beim Laufen schlief. Dann setzte ich mich auf den einzigen Hocker im Raum, lehnte mich gegen die Wand und stülpte meinen Parka über den Kopf, um das elektrische Zellenlicht abzuhalten. Zum Glück hatte ich meine Kleidung behalten können. Ich versuchte so, wenigstens ein bisschen Schlaf zu bekommen. Am liebsten hätte ich so den ganzen Tag verbracht.

Schlafend. Dösend. Nichts sehen. Nichts hören. Und am besten auch nichts mehr fühlen. Doch etwa jede Viertelstunde schaute ein Schließer durch den Türspion. Wenn er mich mit meinem Parka über dem Kopf sitzen sah, stieß er mit seinem Schlüsselbund gegen die Tür und ich musste aufstehen. Hin und wieder öffnete er auch meine Zelle. Dann hatte ich an die Wand gegenüber der Tür zu treten und zu melden: »Untersuchungsgefangener Mrázek. Zelle (soundso). Keine besonderen Vorkommnisse«.

Wobei der letzte Satz besonders grotesk war. Was sollte in dieser Enge, in einer Zelle im Keller des Ostberliner Polizeipräsidiums, denn schon Besonderes passieren? Schließlich war ich in Einzelhaft! Der Türspion an meiner Zellentür war so angebracht, dass es keinen toten Winkel im Raum gab. Auch die Ecke mit der Toilette war jederzeit einsehbar. Ich erlebte zum ersten Mal in meinem Leben totale Kontrolle und Isolation und ich fühlte mich diesem Überwachungsapparat völlig ausgeliefert. Eine beängstigende Erfahrung.

Oft dachte ich tagsüber auch an meine Eltern und Freunde. Nachts träumte ich von ihnen. Was sie gerade taten, ob sie an mich dachten. Ich hatte keine Ahnung. Die Welt da draußen schien plötzlich für mich so unendlich weit entfernt und geradezu surreal. Dabei waren gerade einmal zwei oder drei Tage seit meiner Verhaftung vergangen. Diese ersten Tage, noch dazu in Einzelhaft, waren besonders hart. Ich hatte vorher versucht, mir vorzustellen, wie es hinter Gittern sein würde. Kalt und grau, natürlich. Aber nichts und niemand hatte mich auf dieses furchtbare Gefühl der Einsamkeit und Isolation vorbereitet, und ich hätte es mir nicht vorstellen können. Wie auch? Nun erlebte ich es.

Knallhart. Plötzlich bekam auch Zeit eine ganz andere Bedeutung. Sie schleppte sich endlos dahin und schon bald hatte ich kaum noch eine Vorstellung, wie spät es gerade war, ja sogar, welchen Tag wir hatten.

Außerdem machte ich mir Sorgen um meine Eltern, denn ich hatte keine Ahnung, ob sie schon wussten, was mit mir passiert war und dass ich noch lebte. Und so war ich sehr erleichtert, als ich nach vier Tagen endlich einen Brief an meine Eltern schreiben durfte. Es war nicht nur der erste Kontakt zu ihnen, sondern auch meine erste Verbindung zur Außenwelt seit meiner Verhaftung. Während ich schrieb, hatte ich das wundervolle Gefühl, mit ihnen in Verbindung zu stehen und nicht mehr so allein und verlassen zu sein in meiner Einzelzelle in der »Grünen Hölle« mitten in Ostberlin. Natürlich hätte ich ihnen am liebsten mein ganzes Herz ausgeschüttet, ihnen beschrieben, was passiert war, wie meine Aktion abgelaufen war und so weiter. Aber das durfte ich natürlich nicht. Auch musste ich so tun, als hätten sie von meinen Plänen nichts gewusst, andernfalls wären sie wegen Mitwisserschaft selbst verhaftet worden. Ich musste sehr aufpassen, was ich ihnen schrieb und wie ich es formulierte.

Für gelegentliche Ablenkung sorgten Klopfzeichen an der Wand. Anfangs dachte ich, die seien zufällig. Aber dann wurde mir klar, dass sie von anderen U-Häftlingen in Nachbarzellen stammten. Also klopfte ich zurück. Es wurde zurückgeklopft, dann ich wieder. Auf Dauer sah ich keinen Sinn darin und hörte mit der Klopferei auf. Ich war ohnehin müde. Nach einigen Tagen Schlafentzug durch die nächtlichen Verhören war ich psychisch ziemlich zermürbt und physisch fertig. Ich

Berlin, d. 18.3.1978

Hallo, Ihr Lieben zu Hause!

Na ja, nun habe ich ja endlich das getan, was ihr schon länger verlangt. Aber mal muß ja der Anfang getan werden, was hiermit geschehen ist. Seit nun bitte nicht böse, daß ich euch nichts davon sagte, aber ihr hättet mir vielleicht noch abgeraten oder es wäre noch auf andere Weise hinausgezögert worden. Zur Zeit bin ich noch in der U-Haftanstalt in Berlin, doch man sagte mir schon, daß ich am Dienstag oder Donnerstag nach Dresden überstellt werde. Vielleicht könnt ihr euch schon mal ein bißchen informieren, wo das sein wird. Die Zeiten für ein Wäschetausch oder Besuchsregelung berichte ich euch im nächsten Schreiben genauer.

Wenn es geht, besorgt so schnell wie möglich einen Anwalt für mich, ich kann dann das weitere regeln. Fragt den Besten auf dem Kreisgericht in Bischofswerda nach näheren Einzelheiten oder erkundigt euch anderweitig. Ich denke, ihr wißt schon wo.

Seit ich nun hier bin hab' ich schon viel an euch gedacht, vor allem in den ersten beiden Tagen, wo ich allein war, mußte ich öfter mal die dummen Gedanken verscheuchen, was am Besten mit dem Ziel geht, welches wir vorhaben. Dafür träumt ich bis jetzt jede Nacht von zu Hause und dagegen ist nun weißlich kein Kraut gewachsen.

Wann hat man euch denn benachrichtigt? Ich habe gleich nach meiner Festnahme darauf hingewiesen, man solle euch Bescheid geben.

Außerdem, was sagen denn die Kumpels von mir
so? Wenn einer mal vorbeikommt, ich laß ich
ihm Grüße bestellen, vor allem Dingen Lutz.
Schreiben darf ich euch monatlich drei oder viermal,
kann aber Post, so oft ich will empfangen.
Bin ja mal gespannt, wie das so in Dresden wird,
vielleicht treffe ich sogar Bekannte!?? Wie's dann
nach meinem Urteil weitergeht, weiß ich noch nicht.
Ach ja, das liebe Essen. Bis jetzt kann ich mich eigentlich
nicht darüber beschweren.

Auf jeden Fall, haltet die Ohren steif und
macht euch keine Sorgen um mich. Es wird
schon werden und mal wird das hier auch
vorbei sein. Nun hängt alles von euch ab,
wie die Sache laufen wird!

        Ich umarme euch alle
        Euer Gregor

P.S.: Freue mich schon sehr auf den ersten
Besuch und auf Post!!

Im Brief schrieb ich, dass ich die Aktion eigenmächtig und ohne das Wissen
meiner Eltern ausgeheckt hatte, um sie zu schützen.

hatte nichts zu lesen außer dem ND-Fetzen und hatte auch sonst kaum Ablenkung. Das einzige, was meinen Tag strukturierte, waren die drei Mahlzeiten. Aber so richtig Hunger oder Appetit hatte ich in dieser Zeit ohnehin nicht. Von den zwei Scheiben Brot zum Frühstück und Abendessen schaffte ich meistens nur eine, dazu etwas Butter mit Marmelade oder eine Scheibe Wurst, je nach Tageszeit. Auch mittags brachte ich nicht viel runter. Nach ein paar Tagen hatte ich so viel abgenommen, dass ich aufpassen musste, meine Hose nicht zu verlieren. Meinen Gürtel und meine Schnürsenkel hatte ich bei meiner Einlieferung abgeben müssen, damit ich mir nichts antun konnte.

Manchmal zog sich die Zeit derart zäh dahin, dass ich schon das Mittagessen mit dem Abendbrot verwechselte. Als mir dann klar wurde, dass ich noch einen halben zähen Tag vor mir hatte, war ich der Verzweiflung nahe. Und das Schlimmste: Ich hatte keine Ahnung, wie lange das alles noch dauern würde. Jeden zweiten Tag durfte ich kurz raus zum Luftschnappen. Einer der Schließer führte mich dazu gemeinsam mit anderen U-Häftlingen auf das Dach des Gebäudes. Auf dem Weg dahin musste ich sechs oder sieben Stockwerke hochsteigen. Auf diese Weise bekam ich einen Eindruck von der Größe des Gebäudes und der Anzahl der Zellen. Es könnten über 100 Untersuchungshäftlinge dort eingesperrt sein, dachte ich.

Bei unseren Rundgängen sah ich ab und zu amerikanische PanAm-Maschinen nur wenige Hundert Meter über uns hinwegfliegen. Sie kamen von Westberlin. Die Menschen im Flieger hatten natürlich keine Ahnung, dass in diesem Moment ein Jugendlicher sehnsüchtig zu ihnen heraufschaute und viel darum gegeben hätte, in einem dieser Flugzeuge sitzen zu können. Bis dahin hatte ich noch nie in einem Flugzeug gesessen, war noch nie geflogen, schon gar nicht über Grenzen hinweg. Seit dieser Zeit steht für mich das PanAm-Symbol für Freiheit und Weltoffenheit.

Bei einem weiteren Freigang auf dem Dach hörte ich unten von der Straße her Jubel und den Lärm vieler Menschen.

Später erfuhr ich, dass die DDR ihren ersten Kosmonauten feierte. Siegmund Jähn war der »erste Deutsche«, dem es Ende August 1978 gelungen war, »die Grenze zum Kosmos zu überwinden«, so die sich überschlagende DDR-Propaganda in den Medien. Für die Eroberung des »Jähn-Seits« (DDR-Humor) wurde er nun bejubelt.

Auch ich hatte versucht, eine Grenze zu überwinden, aber dafür erntete ich deutlich weniger Meriten als der All-gefeierte Grenzgänger Jähn.

Nach neun Tagen endeten für mich überraschend die nächtlichen Verhöre.

Ich kam ein paar Stockwerke höher in eine größere Zelle. Die teilte ich mir mit elf weiteren Untersuchungsgefangenen. Einige hatten versucht, in den Westen zu flüchten. Andere saßen wegen Delikten wie Einbruch, Körperverletzung oder »Asozialem Verhalten«, wie das in der DDR hieß. Sie hatten gegen die in der DDR gesetzlich geregelte Pflicht zur Arbeit verstoßen. Die anderen waren meist erfahrene und ältere Knastis, die nicht zum ersten Mal einsaßen. Ich war mit meinen noch 17 Jahren der mit Abstand Jüngste in der Zelle und mit meiner Aktion am Brandenburger Tor eher die Ausnahme. Als ich den anderen meine Motive und Ziele zu erklären versuchte, schauten die meisten nur ungläubig, schüttelten den Kopf und schienen meinen Optimismus, dass meine Plan funktionieren könnte, nicht zu teilen. Das wiederum verunsicherte mich sehr. Hatte ich mich völlig verspekuliert oder in bloßem Wunschdenken verrannt?

Bis dahin hatte ich außer bei den Vernehmungen den ganzen Tag über kaum ein Wort gesprochen. Nun war ich wenigstens wieder unter Menschen, mit denen ich reden und mich austauschen konnte, auch wenn sie mich nicht immer verstanden. Ich hatte nicht mehr das elende Gefühl von Einsamkeit und Verlassenheit. Am besten verstand ich mich naturgemäß mit denen, die wegen Republikflucht saßen. Wir unterhielten uns darüber, wo und wie sie versucht hatten, die Mauer zu überwinden. Wir spekulierten oft darüber, wer von uns die besseren Chancen hätte, freigekauft zu werden, ohne wirklich eine Ahnung von den reellen Chancen dafür zu haben. Aber es lenkte von der grauen und beengten Wirklichkeit ab und so kamen wir immer wieder auf dieses Thema. Nebenbei erfuhr ich von meinen knasterfahreneren Zellenkollegen, was die Klopfzeichen an der Wand bedeuteten, die ich während der Einzelhaft nicht verstanden hatte. Es war eine Art Morsecode und ziemlich simpel. Einmal Klopfen bedeutete »A«, zweimal klopfen »B« und so weiter. Hatte man das Wort verstanden, klopfte man zweimal kurz hintereinander. Bei Nichtverstehen wischte man mit der flachen Hand über die Wand. Dann ging es vorn los.

Auf diese Weise dauerte es zwar eine Weile, bis Informationen ausgetauscht waren, aber Zeit hatten wir ja genug.

Es gab noch eine schnellere Möglichkeit der Kommunikation, vorausgesetzt die Zelle des Gesprächspartners lag unter oder über der eigenen Zelle. Man pumpte das Wasser aus der Toilette. Über das Fallrohr konnte man sich dann gegenseitig hören. Wir nannten das »Über den Bello sprechen«. Allerdings war das streng verboten. Deshalb passte meistens einer an der Tür auf und lauschte, ob sich ein Schließer nähert, während wir uns mit Insassen anderer Zellen auf diese Art austauschten. Wurde man wiederholt erwischt, gab es Sanktionen, zum Beispiel Ausschluss vom Freigang oder Einzelhaft.

Ich durfte wieder Bücher lesen. Das empfand ich als echtes Privileg. Ich war regelrecht ausgehungert nach Lesestoff und es war mir egal, was ich las. Hauptsache lesen. Eines der Bücher behandelte Tiere aller Art und deren besondere Leistungen. Unter anderem ging es um eine Schmetterlingsart, den Monarchfalter. Diese Spezies wandert im Lauf ihres Lebens jedes Jahr um die halbe Welt. Das Buch war reichlich bebildert und in Farbe. In meiner Fantasie wanderte ich mit dem Monarchen durch die Welt. Kopfkino in der Gefängniszelle, um der grauen Realität wenigstens für ein paar Minuten zu entkommen.

Diese graue Realität hatte für mich in anderer Hinsicht eine noch viel dunklere Schattenseite. Das war die Toilette. Sie hatte zwar Wasserspülung, stand aber völlig frei mitten im Raum. Ich konnte sie nicht nur überdeutlich von allen Ecken des Raums sehen, sondern auch überdeutlich riechen. Jede Art von Notdurft musste dort von allen Zelleninsassen einsehbar verrichtet werden. Für mich war das der Gipfel der Erniedrigung und Scham. In meiner Not hielt ich ein bis es dunkel war, um wenigstens einigermaßen meine Würde und Selbstachtung zu wahren.

Der Geruch – dieses Gemisch aus Toilette, Körperausdünstungen und dem spezifischen Geruch von DDR-Bohnerwachs in Verbindung mit Desinfektionsmittel wurde ein ständiger Begleiter während meiner Knastzeit.

Mit dem Grotewohl-Express von Berlin nach Dresden

Vier oder fünf Tage blieb ich in dieser Gemeinschaftszelle. Ende September ging ich dann auf Transport. Ich hatte keine Ahnung, wohin es gehen sollte. Zunächst kam ich von der Keibelstraße für ein paar Stunden in die Haftanstalt nach Berlin-Rummelsburg, ein alter Gebäudekomplex aus dunkelroten Ziegelsteinen. Ich wurde mit vielen anderen U-Häftlingen in ein großes muffiges Kellergewölbe gebracht. Dort stellten Strafvollzugsbeamte einen Sammeltransport mit U-Häftlingen wie mir und Strafgefangenen zusammen, die mit dem sogenannten »Grotewohl-Express« auf die Strafvollzugseinrichtungen und U-Haftanstalten im Lande verteilt wurden. Ich erfuhr, dass ich nach Dresden in die »Schießgasse« gebracht werden sollte. Dort befand sich das Polizeipräsidium mit angeschlossener U-Haftanstalt des Bezirks.

Der »Grotewohl-Express« war ein Eisenbahnwaggon der Deutschen Reichsbahn, der speziell für Gefangenen-Transporte entworfen und gebaut worden war. Von außen sah er auf den ersten Blick wie ein normaler Passagier-Waggon aus. Im

Quelle: www.gritt-poppe.de

Blick in eine Transportzelle im »Grotewohl-Express«.

Inneren aber war er in kleine Zellen unterteilt, kleiner als ein Toilettenabteil, etwa ein mal zwei Meter. In jeder Zelle wurden vier Gefangene zusammengepfercht. Die Zellen waren ungeheizt.

Die Fahrt mit diesem Waggon, benannt nach dem ersten Ministerpräsidenten der DDR, konnte sich über Stunden und Tage hinziehen. Der »Grotewohl-Express« wurde unter Strafgefangenen, die schon einmal eine Fahrt mit ihm hatten erdulden müssen, auch als »Gradewohl-Express« verballhornt.

Unser Gefangenen-Waggon hing an einem ganz normalen Personenzug. Er verließ gegen 20 Uhr Ostberlin. Ich saß mit drei anderen Schicksalsgenossen in einer der winzigen Zellen. Wir alle trugen Handschellen. Während der Fahrt konnte ich nicht sehen, wo wir gerade waren, denn die Fenster waren aus Milchglas. Ich versuchte, möglichst viel zu schlafen, um so die Zeit bis zur Ankunft in Dresden totzuschlagen. Allerdings gelang mir das nur bedingt, denn unser Waggon wurde zwischendurch immer wieder laut rangiert. Davon wachte ich immer wieder aus meinem ohnehin flachen Schlaf auf.

Meistens träumte ich zusammenhangloses Zeug. Manchmal war ich in einem Gefängnis, in dem ich lebenslang sitzen musste, dann war ich wieder mit meinen Freunden zusammen und plötzlich wurde ich wieder von ihnen getrennt und eingesperrt. Ich fror bis auf die Knochen, wahrscheinlich nicht nur wegen der Kälte, sondern auch aus Müdigkeit und der Ungewissheit, was nun mit mir geschehen würde. In Dresden kam unser Zug am 27. September gegen 8 Uhr morgens an. Es war ein Mittwoch, der Hauptbahnhof war voll mit Arbeitspendlern aus dem Umland.

Ich muss ziemlich fertig und übermüdet ausgesehen haben, als ich in einer rund 10-köpfigen Gruppe Gefangener aus dem Waggon aussteigen musste. Die anderen sahen ebenfalls zum Fürchten aus. Jeweils zwei von uns waren mit Handschellen aneinander gekettet. Mehrere schwer bewaffnete und finster dreinblickende Wachleute eskortierten uns. Wir mussten über den Bahnsteig laufen, vorbei an Hunderten Menschen. Die Leute schauten uns mit einer Mischung aus Schrecken und Entsetzen an.

Einige Wochen zuvor wäre ich wahrscheinlich beim Anblick einer solchen Truppe auch erschrocken. Ich hätte sie für Schwerverbrecher gehalten, mit denen ich nichts zu tun hätte haben wollen. Nun aber wollte ich den Leuten in meiner ohnmächtigen Wut und Erniedrigung am liebsten entgegenschreien: »Leute, nein, ich bin kein Verbrecher. Ich habe niemandem etwas angetan oder gestohlen. Ich will doch nur meine Freiheit und raus aus der DDR!«

Der Gang durch den Bahnhof dauerte vielleicht zehn Minuten, und ich war heilfroh, als er endlich hinter mir lag. Vor dem Bahnhof am Ausgang zur Prager Straße wartete etwas abseits ein Transporter auf uns. Er brachte uns zur berüchtigten »Schießgasse«.

Aufnahme von der Dresdner »Schießgasse«, Juni 1990.

Die »Schießgasse« – Erster Besuch meiner Eltern

Das Polizeipräsidium und die angeschlossene Untersuchungshaftanstalt befanden sich im selben Gebäudekomplex mitten
im Zentrum von Dresden. Die »Schießgasse« war ein düsterer
Klotz aus Sandstein und Ziegeln. Der Sandstein hatte sich
während der Jahre und durch die hohe Luftverschmutzung in
der DDR dunkelgrau bis schwarz verfärbt, was den düsteren
Eindruck noch verstärkte.

Es gab mehrere Innenhöfe. Ich war immer noch U-Häftling und trug meine Zivilklamotten, die ich bei meiner Verhaftung angehabt hatte.

Die Zellen waren in der Regel mit je drei Mann belegt und
etwa zwölf Quadratmeter groß. Wir schliefen in dreistöckigen
Betten. Anstelle der Fenster gab es wieder Glasbausteine
und einen Lüftungsschacht. Es roch nach der mir bereits
bekannten Mischung aus Bohnerwachs, Toilette und Desinfektionsmittel. Die Toilette mitten im Raum war für mich
auch nichts Neues mehr.

Durch den Lüftungsschacht konnte ich manchmal von
draußen Vogelgezwitscher und Taubengurren hören. Wenn

80

der Wind richtig stand, dann drang am Wochenende schon mal Jubel aus dem Stadion herüber, immer wenn Dynamo Dresden ein Tor geschossen hatte. Das verstärkte allerdings mein Gefühl der Isolation und des Eingesperrt-Seins noch mehr, denn natürlich wäre auch ich viel lieber unter Tausenden Zuschauern im Stadion gewesen, statt hier in dieser kleinen Zelle zu sitzen. Bei den täglichen Freigängen in einem der düsteren Innenhöfe schaute ich oft nach oben und sah je nach Wetterlage manchmal blauen Himmel oder auch Wolken vorbeiziehen. In meiner Fantasie machte ich daraus Tiere oder Menschengesichter, während ich mit den anderen hintereinander in einer Reihe wortlos meine Runden drehte, umgeben von hohen dunklen Mauern und vergitterten Fenstern. Wenigstens kam ich so für ein paar Minuten an die frische Luft und konnte mich mehr bewegen als in der engen, muffigen Zelle.

Gleich nach meiner Ankunft durfte ich einen weiteren Brief an meine Eltern schreiben und fortan einen pro Woche. Für mich war es immer ein besonderes Ereignis, wenn ich mich hinsetzte, den Kugelschreiber nahm und begann, den DIN-A-Bogen zu beschreiben. Ich stellte mir vor, wie meine Eltern und mein Bruder in unserem Wohnzimmer oder in der Küche zusammensaßen und meine Zeilen lasen. So war ich mit ihnen verbunden.

Während ich schrieb, konnte ich wenigstens für einige Augenblicke aus der grauen, beengten Realität fliehen, die nun auf unbestimmte Zeit mein Alltag war.

Aus diesem Grund freute ich mich besonders auf den sogenannten »Sprecher«. Das war die eine halbe Stunde im Monat, an der mich meine Eltern besuchen und sprechen durften. Bei ihrem ersten Besuch in der zweiten Oktoberhälfte erzählten sie mir, dass sie schon am Tag meiner Verhaftung Besuch von der Stasi gehabt hätten, die sie von meiner Verhaftung am Brandenburger Tor unterrichtet hätte. Außerdem hatten sie ein Schreiben vom Generalstaatsanwalt aus Berlin erhalten.

Dresden, d. 28.9.1978

Bei Zahlung ist unbedingt anzugeben codierter Zahlungsgrund	Päckchen und Pakete nur mit Paketschein gestattet
857 — konstant variabel	

V-4o-1½ d. UHA – IHB Dresden 5161 – 10 – 310820

Liebe Eltern, lieber Ralf!

Nachdem ich den gestrigen Transport von Berlin nach Dresden einigermaßen überstanden habe, wollte ich gleich die Gelegenheit wahrnehmen und euch wieder ein paar Zeilen zukommen lassen. Hier werde ich nun wahrscheinlich bis zu meiner Überstellung bleiben. Pro Woche ist ein Brief gestattet, der allerdings den Umfang einer Seite nicht überschreiten darf. Seiten, die von draußen kommen, dürfen länger sein, auch die Menge der Briefe unterliegt keinen Beschränkungen. Post dürfen jedoch nur die Eltern und Geschwister an mich richten. Wenn ihr schreibt, setzt bitte unter die Adresse den Zusatz „Über Staatsanwalt Bischofswerda" oder bringt den Brief gleich persönlich dorthin, dann geht die Zustellung schneller von Statten.

Wäscheumschel ist jeden zweiten und vierten Dienstag im Monat. Die UHA befindet sich in der „Schießgasse", das heißt am Große „Princeßer Platz". Ich könnte gebrauchen: zwei paar Slip, 1 paar Socken, einen Waschlappen. Das wär's dann auch schon, denn die anderen Kleidungsstücke habe ich entweder selber schon mal gewaschen oder sind noch nicht schmutzig. Leider sehen wir uns beim Wäscheumschel nicht, das geht höchstens am Sprechtag, einmal im Monat, und den müßt ihr beim Staatsanwalt in Bischofswerda beantragen. Es schließt sich dann die Sprechgenehmigung sowie dessen Termin an. Wie lange meine U-Haft dauern wird, weiß ich nicht; vielleicht zwei Monate.

Wie lange sind eigentlich meine Briefe an euch unterwegs? Ach so, noch was. Obst oder Süßigkeiten braucht ihr beim „Sprechtag" mitzubringen, man darf dies ohne hin nicht genießen.

Erster Brief an meine Eltern aus der Schießgasse in Dresden.

82

Man kann sich hier jeden Donnerstag etwas kaufen. Von eurem
Geld konnte ich euer bisher noch keinen Gebrauch machen, werde
aber wahrscheinlich die nächsten Tage welche ausgehändigt bekommen.
Als ich gestern hier ankam und auf meine jetzige Zelle gebracht
wurde, dachte ich, in dem Haufe hier hältst Du's nicht lange
aus. Inzwischen merkte ich aber, der Mensch gewöhnt sich an
alles. Gott sei dank wird es auch mal wieder bessere Zeiten geben, wenn wir es geschafft haben, Das hält mich immer
wieder aufrecht. Es ist schon ein gutes Gefühl, wenn man
weiß, draußen gibt es eine Menge Leute, die an dich denken
und die dich unterstützen bzw. helfen. Ansonsten geht's
mir den Umständen entsprechend gut.
So, dann macht's mal gut, ihr drei!

Es grüßt euch,
Euer Falk

P.S.: Gebt bitte beim Kleidungstausch auch einen Einkaufs-
beutel für mich ab.

Im Brief versuche ich, die Dinge zu regeln und optimistisch zu wirken.

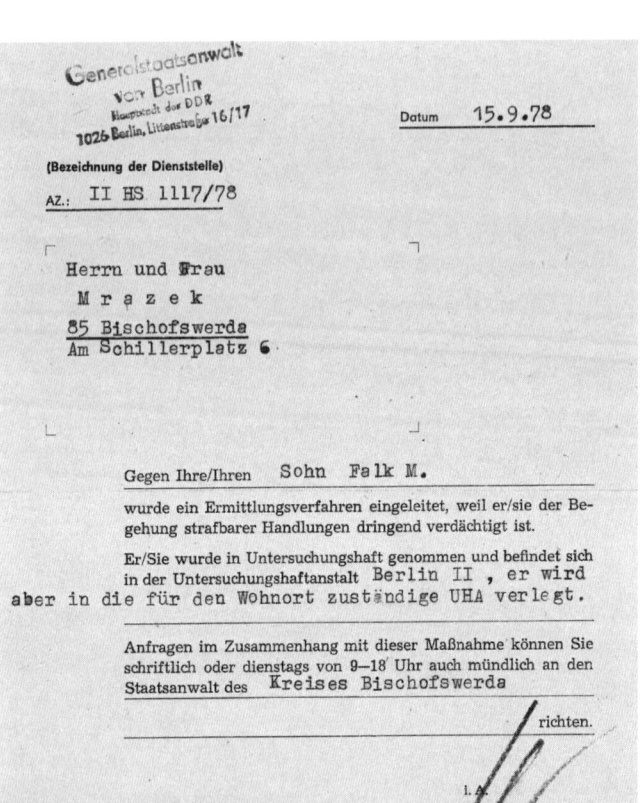

Generalstaatsanwalt
von Berlin
Hauptstadt der DDR
1026 Berlin, Littenstraße 16/17

Datum 15.9.78

(Bezeichnung der Dienststelle)

AZ.: II HS 1117/78

Herrn und Frau

M r a z e k

85 Bischofswerda
Am Schillerplatz 6

Gegen Ihre/Ihren   Sohn Falk M.

wurde ein Ermittlungsverfahren eingeleitet, weil er/sie der Begehung strafbarer Handlungen dringend verdächtigt ist.

Er/Sie wurde in Untersuchungshaft genommen und befindet sich in der Untersuchungshaftanstalt Berlin II , er wird aber in die für den Wohnort zuständige UHA verlegt.

Anfragen im Zusammenhang mit dieser Maßnahme können Sie schriftlich oder dienstags von 9–18 Uhr auch mündlich an den Staatsanwalt des Kreises Bischofswerda

richten.

1. A.
Hechler
Staatsanwalt

Information des Generalstaatsanwalts von Berlin über die Einleitung eines Ermittlungsverfahrens gegen mich.

Meine Eltern erzählten mir, dass es wenige Tage später bei uns eine Wohnungsdurchsuchung durch die Stasi gegeben hatte, hauptsächlich in meinem Zimmer. Diese hatte nach Spuren gesucht und wollte wissen, mit wem ich Kontakt gehabt hatte. Sie interessierte sich für meine Freunde und Bekannte, die sie

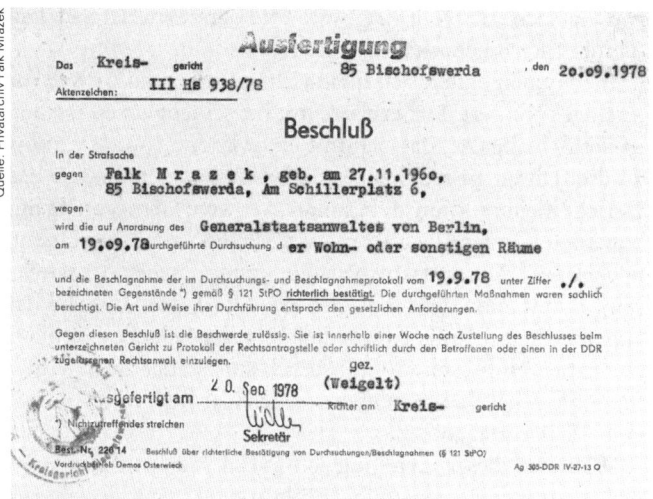

Ausfertigung

Das **Kreis-** gericht   85 Bischofswerda   , den **20.09.1978**

Aktenzeichen: **III Hs 938/78**

Beschluß

In der Strafsache

gegen   **Falk M r a z e k , geb. am 27.11.1960,
85 Bischofswerda, Am Schillerplatz 6,**

wegen

wird die auf Anordnung des **Generalstaatsanwaltes von Berlin,**

am **19.09.78** durchgeführte Durchsuchung d **er Wohn- oder sonstigen Räume**

und die Beschlagnahme der im Durchsuchungs- und Beschlagnahmeprotokoll vom **19.9.78** unter Ziffer **./.**
bezeichneten Gegenstände *) gemäß § 121 StPO **richterlich bestätigt**. Die durchgeführten Maßnahmen waren sachlich
berechtigt. Die Art und Weise ihrer Durchführung entspricht den gesetzlichen Anforderungen.

Gegen diesen Beschluß ist die Beschwerde zulässig. Sie ist innerhalb einer Woche nach Zustellung des Beschlusses beim
unterzeichneten Gericht zu Protokoll der Rechtsantragstelle oder schriftlich durch den Betroffenen oder einen in der DDR
zugelassenen Rechtsanwalt einzulegen.

                                    gez.

                                 (Weigelt)

Ausgefertigt am **2 0. Sep 1978**   Richter am **Kreis-** gericht

*) Nichtzutreffendes streichen   Sekretär

Best.-Nr. 220 14   Beschluß über richterliche Bestätigung von Durchsuchungen/Beschlagnahmen (§ 121 StPO)

Vordruckbetrieb Demos Osterwieck   Ag 305-DDR IV-27-13 O

Richterliche Bestätigung der am 19. September 1978 durchgeführten Haus-
durchsuchung.

nach staatsfeindlichen Aktivitäten meinerseits hätte befragen
können. Gefunden oder beschlagnahmt wurde nichts. Kein
Wunder. Ich hatte vor meiner Aktion alle persönlichen Sachen,
wie etwa Briefe, gesondert gesammelt und gesichert.

Und meine Eltern erklärten mir, dass die Behörden des
Kreises Bischofswerda ihnen signalisiert hätten, dass unser
Antrag jetzt in unserem Sinne geprüft und bearbeitet würde.
Wir sollten auf jeden Fall auf weitere Aktion verzichten, um
unsere Ausreise zu erzwingen. Offenbar hatten sie nun Angst
vor uns, weil wir durch meine Aktion am Brandenburger Tor
klargemacht hatten, dass wir unsere Angst vor ihnen verloren
hatten. Sie wussten nun, dass wir zu allem entschlossen waren,
um unser Ziel zu erreichen. Ich war superoptimistisch. Es
schien alles besser und schneller zu laufen, als ich in meinen
kühnsten Träumen zu hoffen gewagt hatte. Meine Stimmung
wurde nur durch die Tatsache getrübt, dass noch nicht klar
war, ob diese Zusicherung meinen Fall einschloss. Denn Fakt

war, dass ich bald volljährig wäre und damit aus dem Antrag meiner Eltern herausfallen würde.

Inzwischen hatten sich meine Eltern um einen Anwalt für mich gekümmert. Der erklärte mir bei seinem ersten Besuch in der Schießgasse, dass ich mit einer Freiheitsstrafe von bis zu drei Jahren zu rechnen hätte. Es käme darauf an, ob das Gericht meine Aktion als besonders schwere Grenzverletzung bewerten würde. Allein schon weil ich die Tat in aller Öffentlichkeit und demonstrativ begangen und so neben der schweren Straftat auch dem Ansehen der DDR großen Schaden zugefügt hätte. Anfangs wurde ich in der Schießgasse noch zur Arbeit eingesetzt. So musste ich auf meiner Zelle Tüten für Röntgenaufnahmen kleben oder Gardinenröllchen mit einer Zange biegen.

Während dieser Zeit fing ich an zu rauchen. Zunächst wollte ich damit meinen Tag strukturieren, denn der Tag als U-Häftling war auch in der Schießgasse so gleichförmig, dass ich manchmal das Zeitgefühl völlig verlor. So drehte ich mir morgens drei Zigaretten. Nach jeder Mahlzeit rauchte ich eine. War die dritte Zigarette geraucht, war das Abendessen vorbei und damit der Tag fast gelaufen. Das funktionierte nur am Anfang. Schon bald war ich auf zehn bis 15 Zigaretten pro Tag. Den Tabak kaufte ich in einem kleinen Laden in der Haftanstalt. Das Geld dafür hatte ich bei meiner Verhaftung bei mir. Als dieses Geld ausgegeben war, schickten mir meine Eltern neues.

Nach einigen Tagen verweigerte ich die Arbeit in der U-Haft. Zum einen, weil sie stupide und nervtötend war. Zum anderen, weil ich für diesen Staat keinerlei Werte mehr schaffen wollte, sei es auch nur durch die Herstellung von Gardinenröllchen oder das Kleben von Tüten. Außerdem war ich innerlich gestärkt durch die scheinbar günstigen Aussichten auf unsere baldige Ausreise in den Westen.

Als ich der U-Haft-Leitung mitteilte, dass ich nicht mehr arbeiten wolle, erklärten sie mir, die Arbeit in der Zelle sei ein Privileg. Ich sagte ihnen, dass ich gern auf dieses »Privileg«

verzichte und dass ich nicht für einen Staat arbeiten wolle, der mich dafür einsperrt, nur weil ich weg wollte. Diese Weigerung kam umgehend in meine Gefangenenakte, die mich von Haftanstalt zu Haftanstalt begleitete. Damit galt ich als besonders renitent.

Jede Woche verlegte man mich in eine andere Zelle. So sollte wohl verhindert werden, dass sich die Insassen allzu gut kennenlernten. Trotzdem klappte das zwischen einigen offenbar doch ganz gut. Einmal wurde ich Zeuge eines intimen Kennenlernens. Ich wurde in der Nacht wach und hörte seltsame Geräusche von den beiden unteren Etagen. Ich lag ganz oben. Schnell wurde mir klar, dass sich meine beiden Zellengenossen miteinander sexuell beschäftigten. Ich war vor Angst wie gelähmt. Was, wenn sie auch etwas von mir wollten? Ich war voller Schreck und Ekel. Zwar wusste ich mit meinen 17 Jahren, dass es Homosexualität gab, aber so nah und im Zweifel unentrinnbar war ich ihr noch nie gekommen. Zum Glück dauerte das Ganze nicht sehr lange. Mir aber kam es wie eine Ewigkeit vor. Den Rest der Nacht schlief ich gar nicht mehr – aus Angst, sie könnten im Schlaf über mich herfallen. Ich war heilfroh, als ich nach ein paar Tagen in eine andere Zelle verlegt wurde. Zum Glück blieb das die einzige Episode dieser Art während meiner gesamten Haft- und Lagerzeit.

Meine Verhandlung

Meine Verhandlung fand am 13. November 1978 am Kreisgericht Bischofswerda statt.

Es war ein eiskalter, sonniger Herbsttag mit tiefblauem Himmel. Eine Woche zuvor hatte ich meine Anklageschrift einsehen dürfen. Ich wurde dazu in eine leerstehende Zelle gebracht. Da meine Aktion am Brandenburger Tor in den Augen der DDR-Justiz eine politische Straftat war, durfte ich das Schriftstück nur kurz einsehen und lesen, ohne meinen Anwalt! Ich musste die Anklageschrift nach etwa einer Stunde

Quelle: Privatarchiv Falk Mrázek

Kreisgericht Bischofwerda. Im Gebäude rechts daneben befanden sich die Zellen für die Strafgefangenen. Aufnahme vom Juni 1990.

wieder abgeben und durfte sie nicht behalten, wie das bei nicht-politischen Delikten üblich war.

Aus dem Dokument ging hervor, dass ich mit meiner gerade einmal ein oder zwei Minuten dauernden Tat gegen dutzende Paragrafen verstoßen hatte, von deren Existenz ich bis zu diesem Tag nicht einmal eine Ahnung gehabt hatte. Aus meiner Anklageschrift ging hervor, dass die Strafjustiz meine Tat als »Versuchte Republikflucht« nach Paragraf 213 wertete und mich dafür anklagen würde. Ich ging davon aus, dass meine Freiheitsstrafe bei zwei Jahren oder mehr liegen würde, wie mir das mein Anwalt schon in Aussicht gestellt hatte. Ich hoffte, dass es nicht deutlich mehr sein würde.

Am Morgen des Verhandlungstags brachte man mich in einem vergitterten Gefangenentransporter und in Handschellen von Dresden nach Bischofswerda. Die Fahrt dorthin dauerte etwas länger als eine Stunde. Heute also würde ich erfahren, wie lange ich noch eingesperrt bleiben würde, dachte ich den ganzen Weg über. Seit ich festgenommen worden war, hatte ich diesem Tag entgegengefiebert. Wie hoch würde meine Strafe sein? Zwei Jahre? Drei Jahre? Vielleicht weniger? Wenn ich Glück hatte. Meine Gedanken schwirrten hin und her. Ich

Nostalgische Rückblicke: Ein halbes Jahr vor meiner Haft genoss ich unbeschwerte Momente. Letzter Schultag am 24. Mai 1977: verkleidet und in ausgelassener Stimmung.

versuchte, mich innerlich auf alle Eventualitäten vorzubereiten, war aber hin- und hergerissen zwischen Optimismus und Pessimismus. Es war eine emotionale Achterbahnfahrt.

Als der Transport schließlich ankam und ich auf dem Hof des Gerichtsgebäudes ausstieg, war mir vor Aufregung ganz übel. Die Ungewissheit, was mir die nächsten Stunden bringen würden, schlug mir auf den Magen. Während der wenigen Schritte vom Gefangenentransporter ins Gerichtsgebäude konnte ich einen kurzen Blick auf meine alte Schule schräg gegenüber werfen, die ich letztes Jahr noch besucht hatte.

Jahrelang führte mich mein Schulweg am Gericht vorbei. Nun sollte ich es auch von innen kennenlernen …

Zwei Wachleute eskortierten mich ins Gebäude. Dort hörte ich plötzlich die Stimme meiner Mutter. Hinter der nächsten Ecke sah ich sie dann. Sie stand neben meinem Vater. Ich ging spontan auf sie zu und umarmte sie, trotz meiner Handschellen. Zu einer Umarmung mit meinem Vater kam es nicht mehr, weil mich einer meiner Bewacher barsch zurückriss und erklärte, dies sei verboten. Mein Prozess begann gegen 7.00 Uhr.

Publikum war nicht zugelassen. Es war ein politischer Prozess, genau zwei Wochen vor meinem 18. Geburtstag. Dass

Das **Kreis – gericht**
85 Bischofswerda , den 3.11.1978

Strafkammer

~~Strafsenat~~

Fernruf: 451

Aktenzeichen: **S 134/78**

(Bei Eingaben stets anzuführen)

┌   ┐

**Eheleute
Christian und Edith Mrazek**

85 Bischofswerda
Am Schillerplatz 6

└   ┘

Ladung

in der Strafsache

gegen   **Falk Mrazek**

wegen   **vers. unges. Grenzübertritts**

Termin zur Hauptverhandlung ist auf

Montag   den **13.11.1978,**   **7.00**   Uhr

vor dem **Kreis –** gericht in **Bischofswerda**

I. Stockwerk – ~~Erdgeschoß~~ – Zimmer-Nr. **34**   anberaumt.

Sie werden als Erziehungsberechtigter des Angeklagten zu diesem Termin geladen. Nach § 70 (1) StPO haben Sie an der Hauptverhandlung teilzunehmen.

Sie haben das Recht, gehört zu werden und können Fragen und eigene Beweis-
anträge stellen.

220 36 Ladung des Erziehungsberechtigten des Angeklagten zur Hauptverhandlung

Vordruckbetrieb Demos Osterwieck   Ag 305-DDR-1349-77 IV-8-22 1809 10 76 32,0

Ladung meiner Eltern zur meiner Verhandlung am Kreisgericht Bischofswerda.

90

Die Anklageschrift wollen Sie bitte vor dem Termin beim Kreisgericht einsehen.

Wenn Sie ohne genügende Entschuldigung ausbleiben, können Ihnen die durch Ihr Ausbleiben verursachten Auslagen sowie eine Ordnungsstrafe auferlegt werden.

Die Vorführung kann im Falle Ihres Nichterscheinens angeordnet werden (§ 31 (1) StPO in Verbindung mit § 70 (1) StPO).

Zu der Hauptverhandlung werden / sind geladen als:

Verteidiger: **Herr Rechtsanwalt Schmidt**

gesellschaftlicher Ankläger / gesellschaftlicher Verteidiger:

Vertreter des Kollektivs: **Herr Berndt**

Zeugen:

Sachverständige:

Geschädigter:

—————————————
Justizangestellte

Sie waren als Erziehungsberechtigte geladen, weil ich das 18. Lebensjahr noch nicht vollendet hatte.

meine Eltern bei meiner Verhandlung dabei sein durften, war nur diesem Umstand zu verdanken.

Außerdem waren der FDJ-Sekretär meines Lehrbetriebs und mein Lehrmeister anwesend. Im Gerichtssaal hätten rund 50 bis 60 Zuschauer auf Holzstühlen Platz gehabt. Die Wände waren bis auf zwei Meter mit Holz getäfelt, ebenso die Decke. Der Richter und zwei Beisitzer thronten in der Mitte, auf der rechten Seite hatte der Staatsanwalt Platz genommen. Ich, als Angeklagter, saß auf der linken Seite, vor mir mein Rechtsanwalt.

Hinter mir gab es ein großes Fenster. Wenn ich mich umdrehte, konnte ich direkt auf unser Wohnhaus und auf das Fenster meines Zimmers schauen. Es war ein vertrauter Anblick, der angenehme Gefühle und nostalgische Erinnerungen in mir wachrief. Der herbstliche Schillerpark, wo ich mit meinen Freunden als Kind gespielt und wir uns als Jugendliche getroffen hatten, später auch mit Freundinnen, weckte angenehme Gefühle.

Die hatten nichts mit dem politischen System zu tun. Umso mehr mit den Menschen, mit denen ich das Glück hatte, meine Kindheit und Jugend zu teilen. Ich saß nur wenige Meter davon entfernt, doch das alles war nun für mich eine ferne Welt, in die ich wahrscheinlich nie wieder zurückkehren würde. Mein Herz wollte bleiben. Mein Kopf war sich im Klaren: Ich musste gehen, wenn mir mein Leben und meine Zukunft in Freiheit lieb waren. Das machte mich traurig und wütend zugleich. Mir war immer noch übel vor Aufregung. Trotzdem gab ich mir alle Mühe, das nicht zu zeigen. Schon allein wegen meiner Mutter. Sie kämpfte die ganze Zeit mit den Tränen, sah mich aber immer wieder an und versuchte, mich mit einem Lächeln aufzumuntern.

Zu Prozessbeginn befragte mich der Richter zu meinen Personalien. Nachdem diese überprüft waren, befragte er meine Eltern, den FDJ-Sekretär sowie meinen Lehrmeister zu meiner Person. Alle entwarfen ein sehr positives Bild von mir und meinem Verhalten ihnen gegenüber. Von meinen Eltern war das nicht anders zu erwarten. Von meinem Lehrmeister und dem FDJ-Sekretär war ich allerdings positiv überrascht. Beide hoben in ihren Antworten meine charakterlichen Stärken hervor, beschrieben mich als fleißig, pünktlich, zuverlässig und hilfsbereit. Von den anfänglichen Schwierigkeiten zu Beginn meiner Lehre sprachen sie nur am Rande. Selbst als der Richter sich bemühte, durch Fragen, meine Person in ein negatives Licht zu rücken, blieben sie dabei. Das fand ich sehr mutig von beiden und rechne es ihnen bis heute hoch an. Das war Zivilcourage.

Danach äußerte sich der Staatsanwalt über mich und meine Tat. Man hätte meinen können, es ginge um zwei völlig unterschiedliche Menschen. Der Staatsanwalt stellte mich als ein ideologisch und charakterlich verkommenes Subjekt dar, dem alles abginge, was eine allseits gebildete sozialistische Persönlichkeit ausmachte. Ich würde die Errungenschaften der DDR-Gesellschaft missachten und mit Füßen treten. Mit meiner besonders schweren Straftat hätte ich mich demonstrativ außerhalb der Gesellschaft gestellt. Er verlangte, gegen mich die volle Härte des sozialistischen Strafrechts durchzusetzen. Letztlich forderte er für mich ein Jahr und zwei Monate Freiheitsentzug.

Während seines gesamten Auftritts vermied er es peinlich genau, mich auch nur ein einziges Mal anzuschauen. Das war mir in diesem Moment vollkommen egal. Mir kam es auf das Strafmaß an, und das war deutlich unter meinen Befürchtungen geblieben. Mir fiel fast ein Stein vom Herzen. Mein Anwalt versuchte gar nicht erst auf Bewährung zu plädieren. Er führte entlastende Argumente für mich und die Motive für meine Tat an und schlug zehn Monate Freiheitsentzug vor.

Abschließend wollte der Richter von mir wissen, wie ich mir mein Leben in der DDR nach meiner Haftzeit vorstellte. Ich erklärte ihm klipp und klar, dass ich auf keinen Fall in der DDR leben wolle und ich davon ausginge, nicht in die DDR entlassen zu werden. Doch er bestand darauf. Ich erklärte ihm, dass ich dann wieder fliehen würde. Damit war die Verhandlung nach etwa einer Stunde vorbei. Der Richter erklärte, er werde sich mit seinen beiden Beisitzern zur Beratung zurückziehen. In zwei Stunden wolle er das Urteil bekanntgeben. Ich wurde in eine Zelle in einem benachbarten Gebäude gebracht. Die Zelle hatte ein Fenster, natürlich vergittert, mit mattierten Glasscheiben, sodass ich nicht nach draußen schauen konnte. Wäre das möglich gewesen, hätte ich meine ehemalige Schule sehen können.

Vierzehn Monate wollte mich der Staatsanwalt hinter Gitter sehen, zehn Monate mein Anwalt. Ich ging davon aus, dass das Urteil auf einen Kompromiss von einem Jahr hinauslaufen würde. Wie angekündigt, wurde ich nach zwei Stunden in den Verhandlungssaal zurückgebracht. Alle Prozessbeteiligten saßen wieder in derselben Anordnung wie bei der Verhandlung. Der Richter sprach das Urteil: ein Jahr und zwei Monate Freiheitsstrafe wegen meines Verstoßes gegen § 213 DDR-Strafgesetz, »Versuchte Republikflucht«. Meine bisherige U-Haftzeit wurde mir angerechnet. Das Gericht war nur auf das Plädoyer des Staatsanwalts eingegangen. Die Verhandlung war beendet.

Ich durfte mich noch von meinen Eltern verabschieden, das heißt, wir bekamen Gelegenheit, kurz miteinander zu sprechen. Berühren oder Handgeben war allerdings verboten. Wir waren uns einig, dass das Urteil schlimmer hätte ausfallen können. Auch meine Eltern wirkten ein bisschen erleichtert. Trotzdem blieb für mich, wie für meine Eltern, die Ungewissheit, wie lange ich im Gefängnis bleiben müsse und ob ich mit in den Westen dürfe, sollte ihre Ausreise während meiner Haftzeit genehmigt werden. Während unseres Gesprächs standen die beiden Wachleute die ganze Zeit neben mir. Nach etwa fünf Minuten unterbrachen sie uns und brachten mich zurück zu dem Gefangenentransporter auf dem Hof.

Bei der Fahrt zurück in die Schießgasse war ich deutlich weniger aufgeregt und aufgewühlt als auf der Hinfahrt. Nun wusste ich, woran ich war, zumindest was den ungefähren Zeitrahmen betraf. Außerdem bedeutete das Urteil nicht zwingend, dass ich meine Zeit voll absitzen musste. Gerüchteweise hatte ich in der U-Haft von anderen gehört, dass Strafgefangene in der DDR oft nach etwa Dreiviertel ihrer Strafe auf Bewährung entlassen würden. Einige wenige Glückliche würden danach sogar in den Westen abgeschoben. Ich rechnete: Dreiviertel von vierzehn Monaten macht etwa zehn Monate. Zwei davon hatte ich schon durch die U-Haft hinter mir. So hoffte ich, in etwa acht Monaten, also im Juli 1979, wieder »draußen« zu sein, wo immer das auch sein würde. Ich hoffte natürlich auf den Westen.

Zurück in der Schießgasse wollten meine beiden Zellengenossen natürlich wissen, was ich bekommen hätte. Als sie mein Strafmaß hörten, spotteten sie, da bräuchte ich doch gar nicht mehr die Jacke auszuziehen. Das säße ich doch auf einer Arschbacke ab.

Zu diesem Zeitpunkt dachte ich, das Schlimmste sei überstanden. Doch damals hatte ich nicht einmal im Ansatz eine Ahnung von dem, was noch alles kommen sollte …

Wehmütige Gedanken im Grotewohl-Express

Drei Tage nach meinem »Prozess« ging ich erneut auf Transport, wieder mit dem »Grotewohl-Express«. Auf dem Dresdner Hauptbahnhof wiederholten sich die Szenen mit uns als schwerbewachte, mit Handschellen gefesselte Strafgefangene, die unter den neugierigen bis entsetzten Blicken der Passanten über die Bahnsteige zum Zug gebracht wurden. Das Ziel für mich hieß Strafanstalt Görlitz. Die Bahnstrecke von Dresden nach Bischofswerda war der Anfang der Strecke nach Görlitz. Unser Gefangenenwaggon wurde an diesen Personenzug angehängt. Wieder fuhren wir erst spät abends ab, durch die Nacht. Nach meinem Prozess war ich kein Untersuchungshäftling mehr, sondern Strafgefangener. Und ich gehörte zu denen, die wussten, was eine Reise mit diesem »Express« bedeutete.

Da saß ich also wieder. Eingepfercht in einer dieser kleinen Zellen, kleiner als eine Zugtoilette, zusammen mit drei weiteren Strafgefangenen. Allein mit meinen Gedanken, die nur selten durch Gesprächsfetzen mit meinen »Mitreisenden« unterbrochen wurden. Die Stationen zwischen Dresden und Bischofswerda kannte ich wie meine Westentasche. Bei jedem Halt wusste ich genau, wo wir waren und wie es dort draußen aussah. Wie oft war ich diese Strecke in beide Richtungen gefahren? Als Kind mit meinen Eltern, als ich älter wurde allein. Mit allen Stationen und Orten verband ich persönliche Erlebnisse und Erinnerungen. Nach einigen Stationen hielt der Zug in Radeberg, meinem Geburtsort. Die ersten Jahre meines Lebens lebte ich in dem Städtchen, das durch seine Brauerei und das Radeberger Pilsener bekannt war. Meine Eltern arbeiteten damals im RAFENA-Werk. Dort hatten sie sich Ende der 1950er Jahre kennengelernt.

Arnsdorf war der nächste Halt. Standort einer der größten psychiatrischen Anstalten der DDR. Anfang des Jahres hatte ich die Tochter eines der leitenden Ärzte beim Tanzen kennengelernt. Für ein paar Wochen »gingen wir miteinander«. Mit meinem Moped, einer S50, fuhr ich sie öfter besuchen. Sie wohnte mit ihren Eltern auf dem Klinikgelände.

Als der Zug in Bischofswerda anhielt, hätte ich nur aussteigen brauchen und wäre in fünf Minuten bei meinen Eltern und meinem Bruder gewesen. Sie ahnten in diesem Moment nicht, wie nahe ich ihnen war. Mit dem Ort verband ich Tausende Erinnerungen und vertraute Gesichter. Viele Freunde und Schulkameraden kannte ich schon aus dem Sandkasten. Hier war ich aufgewachsen, hier kannte ich praktisch jeden Stein.

Es war noch keine drei Monate her, da hatte ich in Bischofswerda ein Mädchen aus Dresden kennengelernt. Sie war eineinhalb Jahre jünger. Ich verliebte mich sofort in sie. Ihr ging es wohl ähnlich mit mir. Doch jeder behielt seine Gefühle für sich. Zum Abschied fragte sie, ob ich nicht Lust hätte, nach Dresden zu kommen. Mitte September wäre da ein Disco-Abend. Ich sagte zu, obwohl ich wusste, dass meine geplante Flucht genau am Donnerstag vor diesem Wochenende lag. Es tat mir weh, sie so täuschen zu müssen.

Aber ich konnte sie ja schlecht einweihen. Kurz hatte ich sogar mal daran gedacht, die Aktion zu verschieben, nur um sie wenigstens noch einmal zu sehen. Aber was hätte das gebracht? Es hätte meine Zeit der Angst vor diesem gravierenden Schritt nur verlängert und die Situation noch komplizierter werden lassen. Eines war klar: Ich wollte auf jeden Fall raus aus der DDR. Daran konnten die Begegnung mit dem Mädchen und meine aufwallenden Gefühle auch nichts ändern. Ich konnte nicht erwarten, dass sie mir folgen würde. Ich kannte sie kaum, wusste ja nicht einmal, wie sie politisch tickte. Deshalb beschloss ich, alles wie geplant zu lassen. Egal, wie schwer es mir nun zusätzlich fiel.

Am Tag unseres geplanten Disco-Besuchs saß ich in Einzelhaft, im Keller der Keibelstraße. Ich versuchte, nicht an sie zu denken …

Der Zug fuhr langsam wieder an und verließ den Bahnhof von Bischofswerda in Richtung Osten. Auch den Rest der Strecke blieb ich gedanklich meist für mich allein, unterhielt mich nur wenig mit meinen »Mitreisenden«. Die schliefen irgendwann ein, genau wie ich. Am frühen Morgen kamen wir in Görlitz an. Es war noch stockdunkel.

Görlitz: Weiter nach Osten ging es in der DDR nicht. Dabei wollte ich doch in den Westen. Am Bahnhof wartete ein vergitterter Transporter. Der brachte mich und andere Strafgefangenen in die Haftanstalt Görlitz.

Zwischenstation Haftanstalt Görlitz

Das riesige Gebäude war, wie die Schießgasse in Dresden, ein düsterer Bau aus wilhelminischer Zeit. Es lag mitten in der Stadt. Ich teilte mir die Zelle mit drei weiteren Strafgefangenen. Sie lag im vierten Stock und war deutlich größer als jene

Zellen, die ich bisher kennengelernt hatte. Es gab ein Waschbecken mit fließend Wasser, darüber einen Spiegel, daneben war die Toilette. In der Mitte der Zelle stand ein Tisch mit vier Holzhockern ohne Lehne. Links neben der Zellentür stand ein offenes Holzregal, in das wir unsere wenigen persönlichen Sachen, wie Alubesteck und Toilettenartikel, legen konnten. An der Wand gegenüber gab es zwei relativ große, mit Eisenstäben vergitterte Fenster mit Klarsichtscheiben. Vor jedem Fenster stand ein Doppelstockbett aus Metall. Ich hatte mir eines der beiden oberen Betten gesichert. Von dort aus konnte ich in die Fenster der umliegenden Altbauten schauen. Das war etwas Besonderes.

Auf unserem täglichen Weg zum Hofgang sah ich sehr viele weibliche Strafgefangene. Bald stellte sich heraus, dass unsere Zelle in einem Frauentrakt lag, in dem ein Flügel für männliche Strafgefangene freigeräumt worden war. Auch hier gab es täglich halbstündige »Freigänge« im Innenhof des Gefängnisses. Die Tage vergingen und nichts außer der täglichen Knastroutine passierte. Dazu gehörten auch die drei Mahlzeiten. Ich war kein U-Häftling, sodass man mich nun in einen regulären Strafvollzug hätte bringen müssen.

Doch nichts dergleichen geschah. Ich hoffte schon, dass ich vielleicht gar nicht mehr in den regulären Strafvollzug käme, sondern direkt freigekauft würde.

Auch als Strafgefangener durfte ich nur einen Brief pro Woche an meine Eltern schreiben, aber es war erlaubt, so viel Post zu bekommen, wie ich wollte. Zum Glück machten meine Eltern, mein Bruder und meine Freunde aus Bischofswerda regen Gebrauch von dieser Möglichkeit. So hatte ich das Gefühl, nicht allein zu sein. Vor allem freute ich mich über die Anteilnahme meiner Freunde. Sie zeigten mir damit, dass sie Verständnis für meine Aktion hatten und mir nicht übelnahmen, dass ich von jetzt auf gleich ohne Abschied und Erklärung gegangen war. Das gab mir ein tiefes Gefühl der Erleichterung.

Mit jedem Brief und jeder Karte mit Namen und Absender machten sie deutlich, dass sie zu mir standen, ungeachtet des Risikos. Denn die Stasi registrierte ganz sicher jeden Kontakt mit mir. Die Konsequenzen konnten sehr unangenehm sein, etwa ein Eintrag in ihre persönliche Kaderakte mit unkontrollierbaren Folgen. Trotzdem ließen sie sich davon nicht abschrecken, sondern stellten unsere Freundschaft über die möglichen negativen Auswirkungen. Bis heute habe ich jeden dieser Briefe und jede Karte behalten. Sie waren Lichtblicke und Mutmacher in einer für mich dunklen, grauen und manchmal auch verzweifelt mutlosen Zeit.

Drei meiner Brief-Lichtblicke
Brief von Steffen:

lich Margit & Gerd, Birgit, René u. Günter
und Margit & ich. Diesmal hat es das
Glaubst oder nicht, René am besten geregelt. Die wollten Dir ja gleich dort schreiben, sind aber mit steigendem Alkohol-
pegel dann doch nicht mehr dazu gekommen. Gerd, ... wollte nur Limo
trinken, da er am Freitag mit René fast
bis zum Umfallen geschüttet hat. (also
ein „Tollacher") Ja und so kamen es
immer so kleine Anspielungen von Margit.
Die zwei können, ...
Margit (T.) musste wieder mit arbeiten, aber
da sie nur Tagschicht hatte haben wir sie
mit dem W a g e n geholt.
Vorige Woche waren wir (Margit & ich) zum
Polterabend bei Sylvia & Gerd, ... war
auch dort. Der ganze Keller war voller Sekt.
Günter mussten unsere anderen Jungs
ganz schön schütten. Na ging's am nächsten
Tag auch nicht grade besonders) in der
Schule. aber ein Polterabend ohne (oder
mit wenig) Alkohol, ...
Heute war in Schmiedok großes K-Wagen-
Rennen (Grand Prix v. Bischofswerda). Günter
haben sie als Zeitnehmer eingesetzt,
Darauf wird er mächtig stolz sein. Naja

Vielleicht kann es sich so bis zu den
Formel I - Wagen „hocharbeiten"!
So das wäre eigentlich.
Vielleicht kannst Du auch mal schreiben,
obwohl ich gehört habe, daß Du nur eine
begrenzte Anzahl von Briefen schreiben
darfst. Ansonsten kannst Du ja mal was
Deinen Eltern mitschreiben. Aber wenn es
in der ... so wenig Neuigkeiten gibt,
wie soll es erst bei Dir sein?!

Viele Grüße von allen

Wir wünschen Dir **alles Gute.**

Steffen

P.S. übrigens noch einen schönen Gruß
von ...(F).

Brief von Gunter:

27. 10. 78

Hallo Falk!

Heute Abend habe ich mich durchgerungen Dir noch ein paar Zeilen zu schreiben. Von Gerd hörte ich das nächste Woche Dein Prozeß läuft für den ich Dir beide Daumen drücke. Wenn alles ausgestanden ist und wir uns villeicht nicht mehr sehen wünsche ich Dir in der „Freiheit" alles Gute. Ich hoffe Du vergißt uns nicht all zu schnell. Meine Adresse kennst du ja hoffentlich noch. Auch für Dein weiteres Leben wünsch Dir alles Gute und viel Gesundheit

Dein Freund

Gunter

Brief von Margit und Steffen:

Bischofswerda, 10.12.78

Hallo Falk!

Da ich gehört habe, daß Du unsere Geburtstagskarte erhalten hast, möchte ich auch mal wieder etwas von uns hören lassen.

Am Freitag sind wir wiedermal in die Disko gegangen in der Hoffnung irgendjemanden aus der Clique zu treffen. Es waren jedoch nur Birgit und Günter da. Hickmann hat seine Disko schon wieder umgetauft. Nach dem Motto: „Viele Namen, großer Erfolg" nennt er sich jetzt „Phantom". Als ja mit „GTII" konnte er sich wahrscheinlich nicht mehr sehen lassen. Günter fing gleich an über ihren (Fam.) neuen W-Fernseher zu schwärmen: Die Farben sind eben doch besser.

René hat auch wieder geschrieben. Er träumt schon von der 1000 Tage-Feier, aber ich glaub, daß wird noch eine Weile dauern.

Am Mittwoch war das Konzert von „Stern" im Klubhaus. Es war ganz schön was los. Es hat sogar mir gut gefallen, obwohl ich nun wirklich kein „Fan" der Gruppe bin. Das Niveau war eine

ganze Klasse ätter als damals Thanet.
als erstes haben wir „Weißes Gold " (über Bör-
chelser, 40min) gespielt. Dann 3-4 englische
Titel (u.a. Komposition v. Stan, Text engl.),
ein Titel im C. Guevara / B. Dylan-Stil (nur
mit Gitarre begleitet), dann das „alte schloss"
„Kampf um den Südpol" und der „Weite Weg",
also nicht schlecht, was wir gespielt haben.
3 Gordesgitar., 3 Schlagzeuge, eine Gitarre
und noch einige kleinere Sachen, damit
läßt sich schon Musik machen.
So das soll erst mal von Stefan gewesen sein.
Nun will ich auch noch mal ein paar
Zeilen an Dich schreiben. Sicher wirst Du darüber
auch was los sein.
Ich lebe soweit noch ganz gut. Jetzt bin ich
auch immer zu Hause, da ich jetzt meine
6 Wochen schicke, die ich im 2. Lehrjahr abzu-
schreiben habe, gleich hintereinander weg habe. Das
ist wenigstens ein Trost, zu Hause ist es bei uns
doch am schönsten. Naja, das halbe Jahr, dass
ich dann noch in Diesenberg zu verbringen habe,
geht auch vorbei. und dann ist Exitus für mich.
Dann fange ich in Großdubrau an in der MVH (Veh-Wesen)
Wird bestimmt ganz gut. Eigentlich wollte ich ja
3 1/2 Jahr studieren, habe auch meinen Studien platz, aber
ich habe es mir noch mal anders überlegt. Habe
absolut keine Lust, nach den nun noch 3 Jahr auf
der Schule zu liegen. So verdiene ich mir erst mal
paar Groschen und studiere vielleicht später mal,
wenn ich dazu noch Gelegenheit u. Zeit habe!

Heute nachmittag haben wir mal ein paar Weihnachtseinkäufe gemacht, hat sich auch zum Teil gelohnt. Schillers haben sich heute ein ganz tolles Stereo-Radio (mit 15 W-Boxen) gekauft. Sieht ganz gut aus, sind auch irre Klänge! Kannste Dir ja vielleicht vorstellen!

Übrigens, Schubeck hat heute auswärts 2:0 gewonnen (gegen Zittau). War ja auch mal wieder fällig!

~~Hat sich Ramona~~ ░░░░░ schon mal bei Dir gemeldet? Sie wollte Dir doch auch mal schreiben, soviel wie ich weiß.

So, nun fällt mir aber beim besten Willen nichts mehr ein. Naja, es wird ja wohl noch nicht der letzte Brief sein, den du von uns bekommst.

Tschüss bis bald!

Margrit u. Stefan.

Viele Grüße von Katrin

Erwachsenwerden hinter Gittern – Mein 18. Geburtstag

Die schwierigsten Momente im Görlitzer Knast waren sicher mein 18. Geburtstag und die Weihnachtstage. Meinen »18.« hatte ich mir immer ganz anders vorgestellt. Jeder Jugendliche fiebert diesem Tag entgegen. Auch ich hätte Besseres vorgehabt, als in einer öden Gefängniszelle zu hocken, die noch dazu eiskalt war. Unglücklicherweise hatte die Heizungsanlage in unserem Trakt ihren Dienst quittiert und das bei recht kalten Außentemperaturen. Zum Glück trug ich noch meine Zivilklamotten, die ich bei meiner Festnahme angehabt hatte. Dazu gehörte mein gefütterter Parka, der mir nun gute Dienste leistete und wenigstens etwas Wärme spendete. Menschliche Wärme spendeten die Glückwunschkarten und Briefe, die ich an diesem Tag von meinen Eltern und Freunden erhielt. Natürlich waren alle vorher gründlich von der Leitung der Haftanstalt kontrolliert worden.

Erfreulicherweise funktionierten die warmen Duschen noch und zufällig war an meinem Geburtstag auch Duschtag. Das war wie ein unfreiwilliges Geburtstagsgeschenk des Hauses. Ich genoss es, endlich wieder einmal durch und durch wohlig warm zu sein.

Auf dem Rückweg zu meiner Zelle musste ich über eine lange zentral über mehrere Stockwerke führende Treppe zurücklaufen. Während ich nach oben stieg, sah ich am Ende der Treppe zwei Aufseherinnen stehen. Sie unterhielten sich und schienen mich nicht zu beachten. Als ich nur noch wenige Stufen von ihnen entfernt war, drehte sich eine um und fuhr mich barsch an: »Strafgefangener! Bleiben Sie sofort stehen und gehen Sie wieder nach unten. Warten Sie, bis wir fertig sind!«

Also trabte ich wieder zurück und wartete. Auch diese demütigende Episode hat mir meinen »18.« unvergesslich gemacht.

»Sprecher« außer der Reihe

Anfang Dezember hatte ich einen unverhofften »Sprecher«.
Normalerweise musste man den beantragen, was in der Regel
ein paar Tage dauerte. Da ich nicht wusste, wie lange ich noch
in Görlitz sein würde, wollte ich ausschließen, dass meine
Eltern die mühselige Fahrt nach Görlitz antraten, um dann zu
erfahren, dass ich schon wieder woanders war. Ein Mitgefangener gab mir »über den Bello« den Tipp, dass es auch ohne
Antrag ginge. Meine Eltern sollten einfach kommen und um
Besuchserlaubnis bitten, die würde dann direkt genehmigt. Das
schrieb ich ihnen und es klappte zu meiner großen Überraschung tatsächlich. Allerdings durfte nur meine Mutter mit
mir sprechen und das für eine halbe Stunde. Als Strafgefangener, der ich nun war, hätte mir eine volle Stunde zugestanden.
Aber in meiner Situation musste ich es nehmen wie es kam.
Natürlich wollte ich wissen, wie es um unsere Ausreise stand.
Leider hatte sich seit meinem »Prozess« nichts weiter getan. Ich
war enttäuscht und ratlos, ließ mir gegenüber meiner Mutter
aber nichts anmerken und machte auf Optimismus nach dem
Motto »Wird schon werden«. Wieder zurück in meiner Zelle
hätte ich vor Wut und Enttäuschung am liebsten geschrien oder
in mein Kissen geheult. Meine Mutter hatte mir bei diesem
Besuch ein Foto mitgegeben. Meine Cousine aus Köln hatte es
an meine Eltern nach Bischofswerda geschickt. Es war in ihrem
Zimmer aufgenommen. Sie saß auf einer Couch. Dahinter hing
ein Poster an der Wand. Es zeigte einen See mit Schilfrohr im
Sonnenuntergang. Dieses Foto im Hintergrund war der totale
Gegensatz zu der Zelle und der Welt in der ich festsaß, ein
Fenster in eine andere Welt. Ich schaute auf das Poster mit dem
romantischen Sonnenuntergang und stellte mir vor, ich könnte
jetzt an diesem See sein. Sollte ich jemals auf dieser Couch
sitzen, wo meine Cousine saß, dann hätte ich es geschafft. Mit
dem Foto hatte ich quasi mein Ziel konkret vor Augen, nicht
nur eine imaginäre Vorstellung. Das gab mir zusätzliche Kraft.
Das Foto habe ich heute noch.

Das Foto meiner Cousine in Köln. Das Poster mit Sonnenuntergang wurde zu einem Sehnsuchtsort, Herbst 1978.

Quelle: Privatarchiv Falk Mrázek

Der Ausreiseantrag für einen Zellengenossen

Bis dahin war ich die gesamte Zeit mit denselben Zellengenossen zusammen. Einer von ihnen eröffnete mir irgendwann, er würde sich mit dem Gedanken tragen, einen Ausreiseantrag aus dem Knast heraus zu stellen. Wir unterhielten uns darüber, und ich bestärkte ihn so gut ich konnte in seinem Vorhaben. Immer wieder kamen wir auf das Thema zurück. Schließlich schlug ich vor, ihm einen Entwurf zu schreiben. Ich hatte den Antrag, den mein Vater für sich, meine Mutter, meinen Bruder und mich im November 1975 geschrieben hatte samt Begründung noch fast wortwörtlich im Kopf behalten. Also machte ich mich an die Arbeit. Da ich kein Schreibpapier hatte, benutzte ich Toilettenpapier. Als ich fertig war, übergab ich ihm alles im Vertrauen darauf, dass er es wirklich für sich brauchte. Ich konnte mir in der damaligen Situation nicht vorstellen, dass ein Strafgefangener einen anderen verraten könnte, erst recht nicht, wenn beide dasselbe Ziel hatten: die Ausreise in den Westen. Sollte es eine Falle gewesen sein, wäre ich in meiner jugendlichen Unerfahrenheit voll hineingetappt.

Ich habe nie wieder etwas davon gehört. Wenn er ein Spitzel war, der mich provozieren sollte, dann war ihm das gelungen. Unmittelbare Konsequenzen hatte meine Hilfe nicht. Höchstens, dass es die Stasi-Leute nun schriftlich hatten, wie entschlossen ich war, das alles hinter mir zu lassen, weil ich auch noch andere dazu motivierte.

Weihnachten und die Hühnchen im Abflussrohr

Weihnachten kam und es gab immer noch kein Anzeichen, was mit mir demnächst passieren würde. Strafvollzug oder gar Freikauf? Heiligabend war für mich ein grauer, trister Tag. Es hätte auch ein Tag mit Sonne vor einem blauen Himmel und einer weißen Winterlandschaft sein können, trotzdem wäre der Tag für mich grau und trist gewesen.

An diesem Tag sorgte aber doch noch eine Episode für aufgelockerte Stimmung in unserer Zelle. Zum Mittagessen gab es aus Anlass des Tages für jeden Strafgefangenen ein Hühnchen. Allerdings waren diese Tiere wohl an Altersschwäche gestorben. Trotz intensiven Kochens waren sie zäh und ungenießbar geblieben. Das Fleisch war faserig und trocken, die Haut schleimig und so gar nicht knusprig. Wir beschlossen, die Dinger in der Toilette zu versenken. Allerdings taten sie uns nicht den Gefallen und blieben im Abfluss stecken. Egal was wir taten, sie bewegten sich nicht vor und nicht zurück.

Wir machten unsere Witze, lachten über die Situation, bis uns klar wurde, dass dieses Verstopfungsproblem auch zu unserem werden würde, wenn wir es nicht beheben konnten. Wir konnten ja schlecht auf eine andere Toilette gehen. Und einen Klempner rufen konnten wir auch nicht. Auch die Anstaltsleitung konnten wir nicht informieren, weil sie uns »dranbekommen« hätten wegen mutwilliger Zerstörung von Gefängniseigentum. Also machten wir uns selbst an die Arbeit und steckten bald bis über die Ellenbogen im Abflussrohr. So etwas kann man nur mit Galgenhumor ertragen. Wir hatten reichlich davon. Es gelang uns schließlich, das Problem, sprich den Toilettenabfluss, zu klären. Die Lösung stank allerdings bis zur Zellendecke und eine Dusche gab es erst Tage später.

Insgesamt gestalteten sich diese Weihnachtstage aber alles andere als lustig. Meine drei Zellengenossen waren älter als ich und erfahrene Knastis, das heißt, sie saßen nicht zum ersten Mal über Weihnachten im Knast. Doch selbst diese harten Burschen wurden ganz still und ruhig. Wir sprachen kaum. Jeder hing seinen Gedanken nach. Ich schaute durch die vergitterten Fenster auf die Wohnhäuser gegenüber und sah in manchen Wohnzimmern Weihnachtsbäume leuchten. Ich dachte an meine Eltern und meinen Bruder, die zu Hause einen Weihnachtsbaum aufgestellt hatten, aber sicher fehlte es ihnen an beschaulicher Stimmung.

Ich stellte mir vor, wie es in einem Jahr sein würde und hoffte, dass wir das nächste Weihnachtsfest in Frieden und vor allem in Freiheit zusammen würden feiern können. Die meiste Zeit in der Zelle verbrachten wir mit Lesen. Jeder von uns vier durfte sich ein Buch pro Woche ausleihen. Da wir unendlich viel Zeit hatten, war so ein Buch schnell ausgelesen und wir tauschten untereinander. Beim Lesen lag ich meistens auf meinem Bett. Anders als in der U-Haft durften wir uns auch tagsüber aufs Bett legen. Wenn allerdings jemand vom Wachpersonal in die Zelle kam, mussten wir sofort aufspringen und einer musste Meldung machen. Diese Aufgabe fiel dem Zellenältesten zu.

Ein Buch ist mir besonders in Erinnerung geblieben. Es hieß »Aus dem Ghetto in die Welt«, eine Autobiografie der jüdischen Schauspielerin Mischket Liebermann. Ihren Namen hatte ich vorher noch nie gehört. In ihrem Buch beschrieb sie, wie sie in einem jüdischen Ghetto unter strenggläubigen Juden aufwuchs. Unendlich viele religiöse Regeln und Vorschriften setzten ihrem Leben enge Grenzen. Doch je älter sie wurde, umso mehr befreite sie sich nach und nach daraus, wenn auch unter erheblichen Widerständen ihrer orthodox-jüdischen Umgebung und unter persönlichen Opfern. Ich zog Parallelen zu meinem Leben, dem ebenfalls enge Grenzen gesetzt waren, wenn auch aus ideologischen und nicht aus religiösen Gründen. Aber es waren Grenzen, die auch ich nun unter erheblichen Widerständen meiner Umgebung und persönlichen Opfern überwinden musste, um ein freies und selbstbestimmtes Leben führen zu können.

Nachdem die Weihnachtstage überstanden waren, richtete ich mich gedanklich schon darauf ein, auch Silvester in Görlitz zu verbringen. Doch am Abend des 29. Dezembers bekam ich die Anweisung, ich solle meine Sachen packen, morgen früh ginge es auf Transport. Das Ziel nannte der Schließer nicht. So grübelte ich die ganze Nacht und unterhielt mich mit meinen Zellengenossen, was das bedeuten könnte. Nur Transport in eine andere Haftanstalt oder nach Karl-Marx-Stadt und Freikauf?

Mein Bitterfelder Weg – Eisiger Empfang

Meine Enttäuschung war groß, als ich am nächsten Morgen erfuhr, dass ich in den Strafvollzug nach Bitterfeld überstellt werde. Ich hatte mal wieder keine Ahnung von dem, was mich dort erwartete. Das Fahrzeug, mit dem wir Strafgefangene transportiert wurden, war diesmal größer als sonst. Mit mir gingen etwa 20 Leute auf Transport. Wir wurden auf Strafanstalten im gesamten Süden der DDR verteilt. Meine Station bildete den Abschluss. So lernte ich quasi auf der Durchreise berüchtigte Knäste wie das »Gelbe Elend« in Bautzen oder Waldheim kurz von innen kennen. Weitere Stationen waren Zeithain bei Riesa, damals eine der modernsten Strafvollzugseinrichtungen der DDR, und Regis-Breitingen bei Leipzig. Dort mussten die meisten Strafgefangenen im Braunkohletagebau arbeiten. Am späten Nachmittag des 30. Dezember 1978 kam ich in der »Strafvollzugseinrichtung Bitterfeld«, wie sie offiziell hieß, an. Wir Strafgefangenen nannten sie einfach nur »Arbeitslager«. Ich war offenbar der einzige Neuankömmling an diesem Tag. Zunächst wurde ich in eine Art Garage auf dem Lagergelände geführt. Sie war nach einer Seite offen. Dort musste ich meine Zivilsachen, die ich bis dahin trug, komplett ausziehen. Nackt wie ich war, hatte ich dann zu warten, bis ich meine Strafgefangenenkleidung bekam. Die Temperaturen lagen bei maximal null Grad. Mir kam es unendlich lange vor, bis meine neuen Klamotten endlich kamen und ich mich wieder anziehen durfte. Bis es soweit war, stand ich zitternd vor Kälte und nackt in dem offenen Raum, den Blicken des Wachpersonals und anderer Gefangener ausgesetzt.

Meine Gefangenenkleidung war eine alte Armeeuniform. Auf dem Rücken, beiden Ärmeln und an den Außenseiten der Hose waren gelbe Streifen aufgenäht. Darunter war der Stoff herausgeschnitten, damit man sie bei der Flucht nicht einfach hätte abreißen können. Man hätte an den Löchern sofort erkannt, dass da etwas entfernt worden war. Außerdem bekam ich ein blau-weiß-gestreiftes langärmeliges Hemd ohne Kragen und Unterwäsche, sowie graue, grobmaschige Socken und schwarze, klobige Schuhe, dazu ein dunkelblaues Käppi. Nach meiner Einkleidung wurde ich in das Büro des Leiters der Strafvollzugseinrichtung gebracht. Der hatte schon meine Gefangenen-Akte vor sich, aus der hervorging, dass ich in der U-Haft die Arbeit verweigert hatte. Ob ich denn weiter daran festhalte wolle, fragte er mich als Erstes. Ich antwortete, dass ich vorerst nicht die Absicht hätte. Dann erklärte er mir, dass ich zunächst ins Krankenrevier käme, bis entschieden sei, welchem Arbeitskommando ich zugeteilt würde.

Es war schon ziemlich dunkel, als mich ein Wachmann zu besagter Baracke brachte. So hatte ich zunächst eine unklare Vorstellung, wie groß das Gelände war, obwohl es zur besseren Überwachung der Strafgefangenen gut ausgeleuchtet war, besonders die Außenmauern. Ich kam in einen Raum, wo wir zu sechst waren – alles Neuzugänge. Es gab eine entsprechende Anzahl an Betten, Stühlen und einen Tisch. Über allem hing der Geruch von Bohnerwachs und Chlor wie von in der DDR üblichen Toilettensteinen.

Ansicht des Straflagers Bitterfeld Anfang der 1980er Jahre.

Am nächsten Tag, es war Silvester, wurde ich mit den anderen aus meinem Verwahrraum zum Schneeräumen eingesetzt. In der Nacht waren nicht nur die Temperaturen tief in den Keller gesunken, sondern es war auch viel Schnee gefallen. Beides fiel weiter. Während der Arbeit bekam ich einen ersten Eindruck von der Größe des Geländes und dem Aussehen des Lagers. Es maß nach meinen Schätzungen etwa 400 mal 400 Meter. Es gab eine zentrale Lagerstraße. An der einen Seite standen fünf oder sechs alte Holzbaracken. Darin waren je 60 Strafgefangene untergebracht, dazu zwei zweistöckige Verwahrhäuser aus Beton am Ende der Lagerstraße mit je 250 Strafgefangenen. Ich schätzte, dass insgesamt etwa 800 bis 1000 Gefangene im Lager waren.

Eine Wand aus etwa drei Meter hohen Betonplatten umgab das Areal, dazu Stacheldraht, Elektrozäune, scharfe Wachhunde an Laufleinen und insgesamt sechs bewaffnete Wachtürme mit Scheinwerfern. Optisch erinnerte mich das Ganze an Konzentrationslager oder GULAG, wie ich sie in historischen Film-Dokumentationen oder auf Fotos gesehen hatte.

Jeder Strafgefangene im Lager, der nichts anderes zu tun hatte, war mit Schneeräumen beschäftigt. Es war eiskalt. Die Temperaturen lagen deutlich unter null Grad und sie sollten noch viel weiter fallen. Auch deswegen erinnerte mich das Lager an einen sibirischen GULAG. Unsere Kleidung war für solche Wetterverhältnisse völlig ungeeignet. Nicht nur ich fror bis auf die Knochen. Selbst mit Handschuhen konnte ich meine Finger schon nach kurzer Zeit kaum noch bewegen, geschweige denn spüren. So ging es auch meinen Füßen. Dazu blies ein eisiger Wind, der die Kälte noch verschärfte. Es waren die Vorboten des Katastrophenwinters 1978/79, der in die Wettergeschichte eingehen sollte.

Ganz Norddeutschland versank bereits unter meterhohem Schnee und Eis. An diesem Tag erreichte die arktische Kälte nun auch den Süden der DDR. Im Laufe des Tages stürzten die Temperaturen bis auf minus 15 Grad ab. Die gesamte Energieversorgung der DDR, die im Wesentlichen auf Braunkohle basierte, brach in der Silvesternacht komplett zusammen, denn die Kohle gefror nun steinhart und ließ sich nicht mehr abbauen. In der Nähe unseres Lagers befand sich ein Braunkohletagebau. Wir hörten Tag und Nacht das laute Kreischen des Metalls der riesigen Baggerschaufeln, wie sie an den gefrorenen Braunkohleflözen abrutschten. Ein schauriges Geräusch.

Wir im Lager bekamen von dem, was sich da draußen abspielte, nichts mit. Wir hatten keinen Schimmer, denn während die gesamte DDR in Dunkelheit, Kälte und Schnee versank, hatten wir Strom und die Heizung bullerte. Paradoxerweise verdankten wir das den Sicherungsanlagen, die uns an der Flucht hindern sollten. Ringsherum gab es Scheinwerfer und Elektrozäune. Diese wurden, wie das gesamte Lager, durch Notstromaggregate in Betrieb gehalten.

Am Neujahrstag 1979 mussten wir weiter Schnee schaufeln. Es herrschte arktische Kälte und der harsche Wind machte die Wetterbedingungen nahezu unerträglich. Wenn wir am Ende der Lagerstraße angekommen waren und alles freigeschippt glaubten, hatte der Wind neuen Schnee herangefegt und wir mussten wieder von vorne anfangen.

Halberfroren. So ging das den ganzen Tag. Als ich am Abend auf meiner Pritsche lag, wunderte ich mich, was ein Mensch alles aushalten kann, ich fragte mich aber auch, wie lange noch. Ich sollte es noch herausfinden.

Am nächsten Tag wurde ich meinem ersten Arbeitskommando zugeteilt. Es arbeitete auf dem Schwellenplatz. Das war ein riesiges Areal auf dem Strafvollzugsgelände, wo Tausende alter Eisenbahnschwellen aus Holz unter freiem Himmel und in entsetzlicher Kälte lagerten.

Ein großer Bereich des Lagers bildete die Metallaufbereitung, auch »Kupferplatz« genannt. Dort wurden die Gehäuse alter Elektromotoren von Strafgefangenen mit Vorschlaghämmern zertrümmert. In den Motoren befanden sich Spulen aus Kupfer, die zur Wiederverwendung aufgearbeitet wurden. In meiner Lehre als Elektromaschinenbauer hatte ich solche Motoren repariert und wieder zum Laufen gebracht, indem ich die alten Metallspulen ausbaute, neue wickelte und wieder einbaute. Nun sah ich, was am Ende mit meiner Arbeit geschah.

Innerhalb des Lagers arbeiteten Strafgefangene außerdem in einer Tischlerei, Wäscherei, Bäckerei und in einer Schlosserwerkstatt. Ich kam zum Schwellenplatz. Wieder war ich der mit Abstand Jüngste unter den Strafgefangenen. Wir ackerten den ganzen Tag unter freiem Himmel. Ausgerechnet jetzt brach der Katastrophenwinter mit voller Wucht über uns herein. Die ohnehin schon sehr niedrigen Temperaturen fielen weiter, bis auf unter minus 20 Grad. Wir mussten Eisenbahnschwellen umschichten, damit sie dann später auf Waggons verladen werden konnten. Je vier Mann, zwei an jeder Seite, trugen eine Holz-Schwelle, die geschätzt etwa 80 bis 100 Kilo wog. Wir benutzten sogenannte Schwellenzangen aus Metall. Zwei Mann packten links und rechts vorne an, zwei hinten.

Durch das Eigengewicht der Schwelle zog sich die Zange zusammen und dadurch konnten wir den Klotz wegtragen.

Der Katastrophenwinter 1978/79 legte das ganze Land lahm. Zum Schnee-räumen wurden auch Panzer genutzt.

So funktionierte das im Normalfall, den wir aber nicht hatten. Denn durch die extreme Kälte gefror das Holz steinhart und die Zangen rutschten ab. Manchmal sollten wir die Schwellen einfach nur von einer Stelle zu einer anderen tragen und wieder aufstapeln, ohne dass für uns ein Sinn zu erkennen war. Das demoralisierte uns. Die bloße Kälte reichte dem Wachpersonal offenbar als besondere Schikane nicht. Der Krankenstand in unserem Kommando war recht hoch. Jeden Tag fielen Leute aus, sei es durch Verletzungen oder durch Krankheiten. Erkältungen, Husten oder Grippe waren an der Tagesordnung. Auch Fälle von Lungenentzündung gab es. Mich wunderte es, dass es nicht mehr waren. Ich kam glimpflich davon. Offenbar war meine gesundheitliche Konstitution robuster, als ich es selbst von mir erwartet hatte.

Unser Arbeitstag hatte acht Stunden. Aber unter diesen Bedingungen und der viel zu dünnen Kleidung kamen sie mir wie eine Ewigkeit vor. Während wir Holzschwellen schleppten, unterhielten wir uns kaum. Ich hätte auch keinen Atem dafür übriggehabt. Ich brauchte ihn für die Schufterei. Außerdem musste ich mich konzentrieren und höllisch aufpassen, dass mir die Holzschwelle nicht auf die Füße fiel, wenn einer von uns stolperte oder die Zange abrutschte. So ein 100-Kilo-Klotz kann eine Menge Schaden an einem menschlichen Fuß oder Schienbein anrichten. Unfälle erlebte ich fast täglich. Zum Glück für mich nur bei anderen. Ihre Schmerzen und Schreie sind mir aber bis heute präsent, bis in meine Träume hinein.

Jede Stunde durften wir für ein paar Minuten in einen Bauwagen. Darin stand ein Kanonenofen. Es gab warmen Tee oder schwarzen Kaffee, jedenfalls meinte das Wachpersonal, dass es Kaffee oder Tee sei. Uns war es egal, wie waren froh, uns überhaupt äußerlich und innerlich wenigstens ein wenig aufwärmen zu können, bevor es wieder hinaus in die sibirische Kälte ging. Wieder draußen fror ich schon nach wenigen Minuten so, als sei ich niemals im Bauwagen gewesen. Nach vier Stunden gab es eine Mittagspause und Essen. Soweit ich mich erinnere, war das nach Menge und Qualität in Ordnung. Nach heutigen Maßstäben hätte es bei Ernährungswissenschaftlern sicher Schnappatmung ausgelöst, aber wir waren nach der Plackerei einfach nur hungrig und deshalb nicht pingelig. Außerdem bedeutete die Mittagspause, eine halbe Stunde der Kälte entfliehen zu können. Allein dafür hätte ich jede Essensqualität akzeptiert.

Auch an den Tagen darauf blieben die Temperaturen im Eiskeller. Manchmal war die Kälte so heftig, dass unsere Handschuhe an den Metallgriffen der Schwellenzangen kleben blieben. Die mussten wir dann regelrecht wieder losreißen. Es gab Momente, da hatte ich Angst, das alles nicht zu überstehen. Ich befürchtete, dass meine Füße oder Finger erfrieren könnten, wenn ich sie für länger nicht mehr spürte. Hinzu kam, dass ich in den ersten Tagen im Lager nur grobmaschige Socken hatte und Schuhe trug, die gänzlich ungefüttert waren. Schnell hatte ich mir darin eine Blase gelaufen, ohne es an den vor Kälte gefühllos gewordenen Füßen zu merken. So lief ich trotzdem weiter und am Abend sah ich das rohe Fleisch. Trotzdem musste ich am nächsten Tag weiterarbeiten. Zum Glück war nur ein Fuß betroffen. Ich versuchte, diesen nach Möglichkeit weniger zu belasten, um die Wunde nicht noch größer werden zu lassen, denn ich hatte auch Sorge, ich könnte mir eine Blutvergiftung zuziehen. Auf der Krankenstation gab man mir nur etwas Salbe und Pflaster, damit sich die Wunde nicht entzündete. Das half nicht wirklich.

Zum Glück bekam ich von einem Mitgefangenen, der auf der Station arbeitete, neben Salbe und Pflaster noch einen Tipp. Er meinte, es gäbe auch Socken aus weicherem Material und ich solle in der Wäscherei danach fragen. Ich erhielt dort tatsächlich welche, sogar zwei Paar. Die gab ich bis zum Schluss meiner Zeit in Bitterfeld nicht mehr her und hütete sie wie den sprichwörtlichen Augapfel. Trotzdem ersparten sie mir nicht die zusätzlich schmerzhaften Arbeitstage auf dem Schwellenplatz, denn trotz der weicheren Socken dauerte es eine Zeit, bis die Wunden ausgeheilt waren.

Am Anfang eines Arbeitstages fühlte ich mich einigermaßen fit und kräftig. Doch mit jeder Schwelle, die wir schleppten, ließ bei mir die Kraft etwas nach. Wenn ich an den ersten vier bis fünf Tagen am Abend endlich auf meiner Pritsche lag, hatte ich schmerzhafte Muskelkrämpfe in den Beinen und Händen. Das gab sich dann mit der Zeit etwas. An die Kälte gewöhnte ich mich allerdings nie. Die war jeden Tag erneut schrecklich und eine Herausforderung für den persönlichen Durchhaltewillen, zumal ein Ende der extremen Wetterbedingungen nicht abzusehen war. Die Kälte ließ die Arbeitstage unendlich lang und unerträglich hart werden. Wenn ich morgens wach wurde, hoffte ich, dass das alles nur ein schrecklicher Albtraum wäre, aber es war Realität: mein Lageralltag. Ich musste wieder raus in diese unbarmherzige Kälte, um Eisenbahnschwellen zu schleppen bis an die Grenze meiner Leistungsfähigkeit und manchmal auch darüber hinaus. Wenn es ganz schlimm wurde, flüchtete ich mich in eine innere Gedankenwelt. Dann stellte ich mir vor, wie es sein würde, im Westen zu sein, frei und wieder zusammen mit meinen Eltern und meinem Bruder. Ich fantasierte über die Reisen, die ich unternehmen würde. In dieser Welt war es warm, sonnig, mit freundlichen Menschen. Ich konnte gehen, wohin und wann ich wollte, brauchte niemanden um Erlaubnis fragen, keine Tür war verschlossen, ich konnte Abitur machen und studieren.

Das Wachpersonal hielt sich tagsüber die meiste Zeit im geheizten Bauwagen auf. Wir bekamen unsere direkten Arbeitsanweisungen meist von Zivilangestellten. Die trugen allerdings dicke Filzstiefel, gefütterte Wattejacken und Armeepelzmützen, die sie sich über die Ohren ziehen konnten. Als Strafgefangene konnten wir sie nur darum beneiden. Wir hatten nichts dergleichen.

Bisweilen hatte ich das Gefühl, diese eisigen Umstände würden nie enden. Manchmal hatten wir tiefblauen Himmel und die Sonne schien, aber sie wärmte kein bisschen.

Zusammen mit dem Schnee hätte das ideales Winterwetter ergeben können. Aber ich war weit davon entfernt, diesen Bedingungen irgendetwas Positives abzugewinnen.

Nach sieben oder acht Tagen ließ dann die extreme Kälte etwas nach und die Temperaturen bewegten sich wieder in Richtung Null-Grad-Grenze. Aber die Arbeit auf dem Schwellenplatz blieb auch ohne arktische Kälte eine harte Plackerei.

Zu diesem Zeitpunkt ging ich noch davon aus, dass ich bis zu meiner Entlassung, wann immer das sein würde, in diesem Arbeitskommando bleiben müsste.

Ich tröstete mich mit der Aussicht, dass irgendwann einmal Frühling und Sommer wäre. Aber bei meinem Glück würde es wahrscheinlich der regenreichste, kühlste oder heißeste Sommer aller Zeit werden. Und bis dahin würde ich wahrscheinlich auch jede verdammte Holzschwelle auf diesem Platz in die Zange genommen haben.

Doch soweit sollte es nicht kommen. Nach zweieinhalb Wochen wurde ich in ein anderes Arbeitskommando beordert.

Zwangsarbeit im berüchtigten
Chemiekombinat Bitterfeld

Mein neuer Arbeitsplatz war mit einem Umzug innerhalb des
Lagers verbunden. Von meiner bisherigen Unterkunft in der
Baracke des Krankenreviers wechselte ich in das Verwahr-
haus I, in eines von zwei Gebäuden aus Betonplatten. Die
übrigen Unterkünfte für Strafgefangene waren Holzbaracken.
Der Raum, in dem ich untergebracht wurde, lag im ersten
Stock. Er bestand aus einem Aufenthaltsraum und einem
Schlafsaal. Im Aufenthaltsraum standen Stühle und Tische.
Es gab ein Waschbecken, einen Spiegel und ein großes, ver-
gittertes Fenster. Jeder Strafgefangene hatte einen schmalen
Spind, in dem er seine wenigen persönlichen Sachen unter-
bringen konnte. Im Schlafsaal mit einem ebenfalls großen,
vergitterten Fenster befanden sich dreizehn oder vierzehn
vollbelegte Doppelstockbetten.

Schnell stellte ich fest, dass ich auch in dieser illustren
Runde der mit Abstand jüngste Insasse war. Überhaupt
dürfte ich damals der jüngste Strafgefangene im gesamten
Lager gewesen sein. Jedenfalls habe ich während meiner Zeit
in Bitterfeld keinen getroffen, der jünger war als ich.

Es dauerte etwas länger, bis ich mitbekam, warum die
anderen einsaßen. In meinem Arbeitskommando waren
noch andere wegen »Republikflucht« oder anderer politischer
Delikte verurteilt worden. Im gesamten Lager gab es viele
»Politische«. Jahre später erfuhr ich, dass etwa jeder Vierte im
Straflager Bitterfeld in diese Kategorie fiel.

Die anderen Strafgefangenen saßen meist wegen Eigen-
tumsdelikten, Körperverletzung, Totschlag oder Vergewaltigung. Das waren die »Kriminellen«. Und dann gab es noch die
sogenannten »Asozialen«, die gegen die in der DDR-Verfas-
sung festgeschriebene Pflicht zur Arbeit verstoßen hatten und
wegen »Arbeitsbummelei« einsaßen. Interessant war dabei,
dass Straftaten wie Totschlag oder Raub mit einem genau
terminierten Strafmaß versehen waren. Die Delinquenten

wussten, an welchem Tag sie spätestens entlassen werden würden. Beim Verstoß gegen die Arbeitspflicht sah das anders aus. Da gab es bei der ersten Verurteilung ein bis zwei Jahre. Der Verurteilte konnte nach einem oder maximal zwei Jahren entlassen werden. Der Betroffene erfuhr dies erst am Tag seiner Entlassung. Bei Wiederholung drohte ein höheres Strafmaß nach dem gleichen Prinzip.

Unter den Strafgefangenen gab es eine Hierarchie bezogen auf die Haftgründe. Eigentumsdelikte, Körperverletzung und Totschlag waren »normal«. Aus dem Kreis der »Kriminellen« kamen meist diejenigen, denen vom Wachpersonal bestimmte Funktionsdienste zugeteilt wurden. Ihnen wurde am ehesten zugetraut, dass sie sich unter den Mitgefangenen durchsetzen können, sei es durch physische Gewalt oder auch nur durch deren Androhung. Zum Glück geriet ich in Bitterfeld nie mit einem von ihnen in Konflikt.

Ganz unten in der Hierarchie standen die wegen Vergewaltigung Verurteilten. »Politische« wie ich oder die »Asozialen« hatten unter den Strafgefangenen wenig auszuhalten, denn aus diesem Staat abhauen oder nicht für ihn arbeiten zu wollen, galt für sie ohnehin nicht als Straftat.

Aus mir wird »Nr. 1545«

Nun gehörte ich zu einem der Außenkommandos, die im CBK, Chemiekombinat Bitterfeld arbeiteten. Ich war zunächst froh darüber, denn ich hätte auch in die Braunkohle geschickt werden können. Das hätte wieder Arbeit unter freiem Himmel bedeutet, den Elementen ausgesetzt. Davon hatte ich nach dem Schwellenplatz die Nase gestrichen voll. Nun hatte ich wenigstens bei der Arbeit ein Dach über dem Kopf.

Der gesamte zweite Stock des Verwahrhauses bildete eine Arbeitsschicht, das waren etwa 100 Strafgefangene. Wir wurden im Aluminiumwerk eingesetzt. An meinem ersten Tag hatte ich Tagschicht. Wir wurden gegen 5.00 Uhr mit einer

Art Hupe geweckt. Dieser Ton »rief« mich fortan jeden Tag zur Arbeit. Als Erstes musste ich mit den anderen auf dem langen Flur vor unseren Aufenthaltsräumen zum Zählappell antreten. Wir standen in Dreierreihen mit dem Gesicht zur Wand. Dann lief ein Wärter hinter uns entlang und prüfte, ob alle für die Arbeit Gemeldeten vollzählig angetreten waren.

Manchmal irrte sich das Personal oder die gemeldete Zahl stimmte aus irgendwelchen Gründen nicht mit der tatsächlichen überein, dann wurde wieder und wieder gezählt und nachgefragt, bis endlich alles stimmte. Das konnte sich hinziehen. Die ganze Zeit mussten wir bei dieser Prozedur mit dem Gesicht zur Wand stehen und durften nicht einmal den Kopf drehen. Anfangs fand ich dieses Ritual demütigend, später gewöhnte ich mich daran. Wie ich im Laufe meiner Knastzeit überhaupt staunte, woran sich ein Mensch so alles gewöhnen kann, wenn er muss. Dazu gehörte auch unser täglicher Transport vom Lager ins Werk. Wir mussten vor dem Verwahrhaus in geschlossener Formation antreten.

Anschließend marschierten wir im Gleichschritt zum zentralen Lagerplatz. Dort wurden wir dann abgeholt. In der Regel waren es fensterlose Container mit eng aneinandergereihten Holzbänken, angehängt an eine Zugmaschine. Pro Container saßen wir mit 40 oder 50 Mann eng zusammengedrängt nebeneinander. Dann wurde der Container fest verriegelt. Nicht auszudenken, was uns bei einem Unfall hätte passieren können.

Manchmal kamen auch Busse. Deren Türen waren mit Netzen verhangen, davor saßen mit Pistolen bewaffnete Wachleute. Während der Fahrt konnten wir wenigstens zum Fenster hinausschauen. Doch was ich dort sah, war selbst für DDR-Verhältnisse an Trostlosigkeit nicht zu überbieten. Bitterfeld war ein grauer, dunkler Ort. An diesem Eindruck änderte sich auch nichts, nicht einmal, wenn die Sonne schien. Die ein- bis zweistöckigen Häuser aus den 1920er, 1930er und 1950er Jahren waren von der extrem hohen Luftbelastung mit Braunkohlestaub grau bis schwarz gefärbt. Sollten sie jemals farbig gewesen sein, war davon nicht einmal mehr etwas zu erahnen. Es gab keine Bäume in den Straßen. Und wenn es sie gegeben haben sollte, waren sie in dieser Luft sicher längst eingegangen. Selbst der Schnee war schwarz vom Braunkohledreck und auch die Menschen auf den Straßen wirkten irgendwie apathisch, blass und freudlos.

So wie da draußen sah es auch in mir aus. In Bitterfeld war aus mir eine Nummer geworden. Die Nummer 1545. Als ich nach Bitterfeld gekommen war, hatte ich sie als Strafgefangener zugewiesen bekommen. Bisher hatte diese Nummer für mich kaum Bedeutung, da ich innerhalb des Lagergeländes geblieben war. Doch das änderte sich nun. Jedes Mal, bevor wir im Lager in die Container oder Busse einstiegen, wurden wir vom Wachpersonal mit unseren Namen aufgerufen. Jeder Insasse hatte eine persönliche Kennkarte mit seiner Nummer, seinen Daten, Strafgrund, Strafmaß und anderes. Diese Karten hatten die uns jeweils begleitenden Wachleute immer in großen ledernen Umhängetaschen bei sich. Wer aufgerufen wurde, musste dann laut seine Nummer und das Geburtsdatum rufen.

Wenn also der Wachmann »Mrázek!« rief, musste ich laut melden: »15-45-27-11-60!« und danach einsteigen. Das wiederholte sich für jeden Einzelnen, wenn wir vom Werk ins Lager zurückgebracht wurden und bei anderen Gelegenheiten mehrmals am Tag. Mit der Zeit reagierte ich eher auf diese Nummer als auf meinen Namen. Ich war zur »1545« geworden.

Willkommen im Inferno: Mein neuer Arbeitsplatz

Die Fahrt vom Lager zum Aluminiumwerk im CKB dauerte etwa eine Viertelstunde. Der Zugang zu diesem Werkteil war wie ein Gefängnis gesichert, mit hohen Mauern, Scheinwerfern, Stacheldraht und Elektrozaun. Am Ein- und Ausgang fungierte eine elektrische Doppelstahltür als Schleuse.

Ich wurde für den Bereich Gießerei und Presserei eingeteilt. In der angrenzenden Halle war die Chlor-Chemie untergebracht. Auch dort arbeiteten fast ausschließlich Strafgefangene. Im Laufe der Zeit fiel mir auf, dass unter ihnen wie auch bei uns viele »Politische« waren.

Den Moment, in dem ich die Halle der Aluminium-Presserei zum ersten Mal betrat, werde ich mein Leben lang nicht vergessen. Was ich vor mir sah, hörte, roch, spürte und fühlte, überstieg jegliche Vorstellungen und Erfahrungen meines bis dahin gerade mal 18-jährigen Lebens. Ich war entsetzt und schockiert bis auf den Grund meiner Seele.

Die Halle war etwa 20 Meter hoch, 40 Meter breit und 60 Meter lang. Darin standen riesige Maschinen, deren Zweck und Aufgabe mir in diesem Moment nicht klar waren. Es herrschte ohrenbetäubender Lärm, Metallsägen kreischten, Sirenen heulten. Eine milchige Flüssigkeit spritzte von riesigen Maschinenmonstern mit hohem Druck intervallartig durch die Gegend, so als würden sie sich übergeben in dieses Chaos aus Lärm, Gestank und schmieriger Luft. Flammen schossen von irgendwoher hoch und verschwanden sofort wieder. Es roch nach warmem Motoren- oder Schmieröl, die Luft war geschwängert von Öl-Rauch und schmeckte metallisch. Das Ende der Halle konnte ich wegen der dicken Luft aus Öl und Staub nur schemenhaft erkennen. Es hämmerte und knirschte um mich herum, ohne dass ich in dieser infernalischen Szenerie irgendeinen Sinn oder System erkennen konnte. Dazwischen liefen Strafgefangene wie ich herum, schrien sich etwas zu, versuchten, sich in diesem Chaos und Lärm zu verständigen. Hier, an diesem höllischen Ort, sollte ich ab sofort in den nächsten Wochen und Monaten arbeiten. Ich war regelrecht paralysiert. Und: Ich wünschte mich sehnlichst auf den Schwellenplatz zurück, egal wie kalt oder unangenehm das Wetter dort sein mochte. Ich fühlte mich wie im Bauch eines riesigen Monsters. Es hatte mich verschlungen. Nun brauchte es mich nur noch zu verdauen. In diesem Schreckensmoment ging ich fest davon aus, dass ich

Blick über das Chemiekombinat Bitterfeld um 1970, aus den Salpetersäure-
anlagen steigen giftige gelbe Abgasfahnen in die Luft.

diesen Ort nicht mehr lebend verlassen würde. In diesem
Punkt irrte ich mich. Zum Glück. Doch ich wusste nicht,
wie nahe ich dieser Befürchtung noch kommen sollte.

Ich wurde an eine gewaltige Hydraulikpresse gestellt.
Direkt daneben stand ein riesiger Behälter, der bis unter das
Hallendach reichte. In seinem Inneren herrschte ein Druck
von 2000 Atmosphären. Damit und über das Hydraulik-Öl
entwickelte die Presse bis zu 1500 Tonnen Druck. Der war
nötig, um Aluminiumblöcke umzuformen, z.B. in Pro-
filstränge von vier bis fünf Metern Länge, aus denen unter
anderem Laufleisten zum Aufhängen von Gardinen gefertigt wurden. Insofern schloss sich der Kreis zur U-Haft in
Dresden. Dort hatte ich bis zu meiner Arbeitsverweigerung
Gardinen-Röllchen gefertigt. Jene Dinger, an die man Gardinen aufhängte, nämlich genau an den Laufleisten, die ich
nun in Bitterfeld herstellte.

Wir arbeiteten zu dritt an der Presse. Der Presse-Fahrer, der Ofen-Mann und ich. Der Presse-Fahrer steuerte die halbautomatische Maschine. Von einem Schaltpult aus konnte er den Pressdruck regeln, ebenso die Geschwindigkeit, mit der der Pressstempel auf einer Schiene vor und zurückfuhr, um die Alu-Blöcke in die gewünschten Profilformen zu bringen. Außerdem musste er in regelmäßigen Abständen die Profilmaße überprüfen. Wichen die von den Toleranzwerten ab, musste die Platte mit dem Profil, durch das das Alu gepresst wurde, ausgetauscht werden.

Zwischen dem Pressstempel und dem Alu-Block wurde außerdem eine Stahlplatte gelegt, die sogenannte Pressplatte. Sie hatte genau den gleichen Durchmesser wie Pressstempel und Alu-Block und war etwa zehn Zentimeter dick. Sie sollte gewährleisten, dass wirklich der gesamte Alu-Block durch die Profilplatte gepresst wurde. Fuhr der Stempel nach dem Pressvorgang wieder zurück, blieb nur noch diese Platte übrig. Sie fiel dann in eine Art Kelle. Diese schwang zur Seite und die Pressplatte konnte für den nächsten Pressvorgang zwischen Alu-Block und Pressstempel gelegt werden.

Das gehörte zu den Aufgaben des Ofen-Mannes. Er hatte auch dafür zu sorgen, die 25 bis 35 Kilo schweren Alu-Blöcke vorzuwärmen. Das geschah in einem Induktionsofen.

Deshalb auch die Bezeichnung Ofen-Mann. Dann hatte er die vorgewärmten Alu-Blöcke der Presse maschinell zuzuführen.

Meine Aufgabe war es, vier oder fünf der gepressten Alu-Stränge mit Drähten zusammenzubinden. Das war leichter gesagt als getan, denn die Dinger waren über 300 Grad heiß und standen unter metallischer Spannung. Ich musste sehr vorsichtig sein, damit ich mich nicht an ihnen verbrannte. Trotz aller Vorsicht kam es wegen des vorgegebenen Arbeitstempos, dem ich mich anzupassen hatte, immer wieder vor, dass die Aluprofile beim Zusammenbinden gegen meine Unterarme sprangen. Vor allem am Anfang, als ich noch ungeübt war. Meine Haut blieb deshalb oft an dem heißen

Metall kleben. Das war nicht nur sehr schmerzhaft, sondern hinterließ auch blutige Wunden.

Schon nach wenigen Stunden waren meine Unterarme blutig und geschwollen. Das kümmerte aber niemanden, nur mich.

Am Ende meines ersten Arbeitstages im CKB und wieder zurück im Lager führte mich mein erster Weg in die Krankenbaracke. Einen Arzt bekam ich dort nicht zu sehen. Der kümmerte sich nur um wirklich Schwerverletzte, und davon gab es täglich genug. Ein Mitgefangener, der dort arbeitete, gab mir eine Salbe, die Entzündungen der Wunden verhindern sollte. War es die Salbe oder Zufall? Entzündete Wunden blieben mir zumindest erspart, zum Glück.

Manchmal fielen die Pressplatten auch neben die Kelle, die dafür da war, sie aufzufangen. Sie landeten dann unterhalb der Presse in einem offenen Betonschacht. Wir nannten ihn den Öl-Keller, weil sich dort das alte Hydrauliköl, das beim Arbeitsprozess durch verschlissene Dichtungen ausgetreten war, sammelte. Wurden die Pressplatten knapp, musste einer von uns in den Öl-Keller runter und sie holen. So lange ich »der Neue« war, fiel diese Aufgabe mir zu. Fast knietief watete ich in warmem Altöl. Zwar hatte ich hüfthohe Stiefel an, aber im Ölschlamm musste ich mit bloßen Händen wühlen, um der Platten habhaft zu werden. Das Ganze in klaustrophobischer Enge und bei Dämmerlicht. Wenn ich wieder aus dem Keller zurückkam, war ich bis zu den Oberarmen ölverschmiert.

Manchmal war auch mein Arbeitshemd voll mit Öl. Meine Arme wischte ich zunächst mit alten Lappen notdürftig ab, was wegen meiner Wunden sehr schmerzhaft war. Erst beim Duschen nach der Schicht wurde ich wieder richtig sauber.

Auch wegen dieser »Ausflüge« in den Öl-Keller war ich froh, dass ich nach einigen Wochen nicht mehr »der Neue« unter uns Dreien war. Die leidige Aufgabe übernahm dann ein anderer »Neuer«.

Arbeitsalltag

Von nun an war ich Teil des riesigen Lager- und Arbeitssystems des Strafvollzugs in Bitterfeld. Die Gefangenenarbeit verkörperte einen integralen Bestandteil der Wirtschaft der SED und deren Staates. Wir arbeiteten in drei Schichten, an sieben Tage in der Woche. Die Tagschicht begann um 6.00 Uhr und endete um 14.00 Uhr. Es folgte die Spätschicht bis 22.00 Uhr und danach die Nachtschicht bis morgens 6.00 Uhr.

Jeweils eine Stunde vor Arbeitsbeginn wurden wir geweckt. Danach war Zählappell, in Dreier-Reihen mit dem Gesicht zur Wand. Wenn alles stimmte, traten wir vor unserem Verwahrhaus an und zogen im Gleichschritt zum zentralen Lagerplatz und wurden in Busse oder Container verfrachtet. Die Wahl der Fahrzeuge schien willkürlich zu sein. Jedenfalls konnte ich keine Systematik erkennen. Die Fahrt im Bus schien mir immer kürzer als im Container, weil man etwas von der Umgebung mitbekam und Ablenkung hatte, auch wenn Bitterfeld einfach nur trostlos und öde war, eine einzige Umweltkatastrophe. Ich fragte mich, wie Menschen freiwillig, und nicht wie ich als Strafgefangener gezwungenermaßen, unter solchen Bedingungen leben und arbeiten konnten.

Auf der Fahrt zu unserem Betriebsteil durchquerten wir einen Teil des CKB, wo eine riesige leere Fläche zu sehen war. Mitgefangene erzählten, dass sich dort einige Jahre zuvor ein schweres Unglück ereignet hatte. Eine Gasexplosion, bei der eine Fabrikhalle in die Luft geflogen war. Viele Tote und Verletzte hatte es gegeben. Mir schien diese klaffende Leerfläche immer wie ein schlechtes Omen, eine Art Menetekel. Was, wenn unsere Halle so ähnlich enden würde? Schließlich gab es auch bei uns hochexplosive Anlagen, wie etwa der unter Hochdruck stehende Turm neben der Pressanlage, an der ich arbeitete …

Gleich nebenan stand eine Presse der Firma »Schloemann« aus dem Jahre 1936, mit einem riesigen Druckbehälter, wie

Die 1943 aufgestellte 30.000 Tonnen Schloemann-Schmiedepresse war ursprünglich zur Herstellung von Schmiedeteilen für den Kampfbomber Ju 288 vorgesehen.

mir schien, aus demselben Baujahr. Die »Schloemann«-Presse schaffte deutlich mehr Druck als die, an der ich arbeitete. Mit welchem Knall würde die wohl auseinanderfliegen?

Nach unserer Ankunft im streng gesicherten Betriebsteil der Aluminium-Gießerei und -Presserei und dem üblichen Prozedere an den Sicherheitsschleusen, wurden wir vom Wachpersonal an die Zivilangestellten übergeben, die uns während der Arbeitsschicht betreuten. Mit den meisten von ihnen kam ich gut aus. Wenn wir unsere Arbeit erledigten, waren sie zufrieden und konnten gute Produktionszahlen weitermelden. Das Wachpersonal hatte mit der Produktion nichts zu tun. Sie lungerten in den Hallen herum, während wir arbeiteten.

Zu Beginn einer jeden Schicht zogen wir unsere Arbeitskleidung an. Die bestand aus einer blauen Jacke und Hose, dazu ein Arbeitshemd, -schuhe und ein Helm. Auf der Jacke waren an den Ärmeln und auf dem Rücken gelbe Streifen aufgenäht, auf der Hose längs der Außennähte, damit wir sofort als Strafgefangene zu erkennen waren.

Dann wurden wir von den Zivilmeistern informiert, welche und wie viele Profile herzustellen waren und aus welchen Legierungen. Die Alublöcke kamen aus der Halle nebenan. Das war die Gießerei. Das Metall wurde in riesigen Kesseln, die im Boden eingelassen waren, geschmolzen. Naturgemäß war es dort immer heiß, was im Winter recht angenehm war. Aber im Sommer arbeiteten wir in Gluthitze. Außerdem war die Luft von Rauch und Gasen aller Art durchzogen. Und das alles lief ohne Atemschutz. Ich hatte dort nicht oft zu tun, wenn aber, dann war ich froh, bald wieder gehen zu können, auch wenn die Arbeitsbedingungen bei uns in der Halle nur wenig besser waren.

Ich verbrachte die ersten Wochen damit, die Alustränge zu bündeln. Mit jeder Arbeitsschicht wurde ich geschickter dabei, Verbrennungen zu vermeiden. Ich besorgte mir Stofflappen, die eigentlich dazu da waren, die beweglichen Teile unserer Presse zu ölen. Die wickelte ich mir um die Arme und befestigte sie mit Draht. Das half ein bisschen. So konnten unter den Lappen auch die Verbrennungen der ersten Tage wenigstens etwas abheilen und wurden nicht durch neue Wunden immer wieder aufgerissen. Not macht erfinderisch. Meine Hände konnte ich jedoch nur bedingt schützen. Ich hatte zwar Handschuhe, doch die waren viel zu unförmig, um mit dem Draht die Profile zusammenzubinden.

Nach vier Stunden gab es in jeder Schicht eine halbstündige Pause und Essen. Es kam aus der Betriebsküche des CKB. Es war ganz gut. Bei Bedarf gab es auch Nachschlag, den ich gern nahm, denn Hunger hatte ich immer reichlich. Während der Arbeit stand uns auch Tee zur Verfügung. Der kam in großen emaillierten Blechkannen und stand an jeder Maschine.

Am Ende jeder Arbeitsschicht ging es unter die Duschen. Das war für mich immer der angenehmste Teil des Arbeitstages: endlich wieder sauber von all dem Dreck, Staub und Öl, dem wir acht Stunden lang ausgesetzt waren. Vor der Halle wartete schon der Bus oder der Container, doch bevor wir einsteigen durften, gab es wieder den Zählappell mit persönlicher Nummer, Namen und Geburtsdatum. Schließlich ging es zurück ins Lager. An dieser Routine änderte sich während meiner ganzen Zeit in Bitterfeld nichts.

Mein Aufstieg zum »Ofen-Mann«

Nach etwa drei oder vier Wochen bekam ich eine neue Tätigkeit zugewiesen. Unser »Pressefahrer« wurde entlassen. Dadurch wechselte der »Ofen-Mann« auf diesen Posten, und ich übernahm dessen Arbeit als »Ofen-Mann«. Das Bündeln der Alusträmge übernahm nun »der Neue« an unserer Maschine. Das erleichterte meine Arbeitssituation deutlich.

Auch im Ansehen der anderen Strafgefangenen stieg ich, denn in der internen Hierarchie war die Arbeit eines »Ofen-Mannes« deutlich höher angesehen als meine bisherige Tätigkeit. Diesen Aufstieg in der Arbeitshierarchie verdankte ich einem Mitgefangenen. Er hieß Peter, war etwa 10 Jahre älter als ich und ein erfahrener Knasti. Er saß bereits zum vierten Mal. Das erste Mal wegen versuchter Republikflucht. Danach immer wegen irgendwelcher kriminellen Delikte. Diesmal war es »Diebstahl sozialistischen Eigentums«. Peter hatte mich von Anfang an in Bitterfeld, als ich ins »Verwahrhaus I« gekommen war, »unter seine Fittiche« genommen. Das hieß unter den Gefangenen »Spannerschaft«. Woher der Begriff kam, weiß ich nicht. Er hatte jedenfalls nichts mit dem Begriff »Spanner«, wie er heute benutzt wird, zu tun.

Als gerade einmal 18-Jähriger ohne jede Knasterfahrung hatte ich von den geschriebenen und ungeschriebenen Regeln in einem Strafvollzug wie Bitterfeld keine Ahnung. Peter dagegen schon. Von Peters Erfahrungen profitierte ich enorm, sowohl im Lager als auch im Betrieb. Er schützte mich manches Mal vor dem Wachpersonal und auch vor anderen Strafgefangenen, wenn ich die Folgen meines unerfahrenen Handelns nicht abschätzen konnte und ungewollt oder unbewusst Regeln überschritt. Regeln, von deren Existenz ich erst erfuhr, als ich gegen sie verstieß und mit Mitgefangenen aneinandergeriet. Zum Glück blieb es dann bei verbalen Attacken.

Das hatte vor allem mit Peter zu tun, der mich gerade in der Anfangszeit in Bitterfeld immer wieder »raushaute« und sich vor mich stellte. Er hatte als »Alt-Knasti« ein ganz anderes Ansehen bei den Mitinsassen. Allerdings kam mir manchmal auch mein jugendliches Alter zugute. Ich genoss »Welpenschutz«. Auch mein Status als »Politischer« hielt mir manche Streiterei vom Hals.

Peter arbeitete gleich nebenan an der »Schloemann«-Presse als »Ofen-Mann«. Er wusste, dass unser »Pressefahrer« bald entlassen werden würde. So sorgte er dafür, dass der Zivilmeister, der für unseren Abschnitt und unsere Schicht zuständig war, mich als Nachfolger einsetzte. Ich hatte keine Ahnung, wie er das angestellt hatte, denn nach so kurzer Zeit wäre ich für diese Aufgabe noch gar nicht »reif« gewesen. Der Job galt als privilegiert, weil viele Arbeitsschritte automatisch abliefen und dadurch die körperliche Anstrengung geringer war als bei anderen Arbeiten im Werk. Auf diesem Posten blieb ich bis zum Ende meiner Zeit in Bitterfeld.

Von nun an war es meine Aufgabe, für die richtige Temperatur der Alu-Blöcke zu sorgen. Sie waren rund, hatten einen Durchmesser von circa 20 cm und eine Länge von etwa 45 cm.

Das Gewicht hing von der jeweiligen Legierung ab und lag so zwischen 25 und 35 Kilo. Als Erstes musste ich die Alu-Blöcke per Hand auf ein schräges Metallgitter wuchten. Von dort rollten sie nach und nach auf eine Schiene und wurden mit Hilfe eines Schlittens in den Induktionsofen geschoben. Das war eine Röhre, in der die Blöcke je nach Legierung auf die nötige Betriebstemperatur vorgeheizt wurden. War die Temperatur erreicht, wurde der heiße Alu-Block aus dem Ofen gezogen und über ein mechanisches Transportsystem aus Metallgittern in die Hydraulik-Presse geschoben. Das alles konnte ich vom Bedienpult aus per Knopfdruck steuern – vorausgesetzt es funktionierte. Wenn nicht, musste ich die glühend heißen Alu-Blöcke per Hand mit einer Zange aus dem Ofen ziehen und dann in den Presskanal tragen. Das war richtige Knochenarbeit und extrem schweißtreibend, denn die Dinger waren nicht nur schwer, sondern strahlten auch eine enorme Hitze ab. Außerdem war es ziemlich gefährlich, denn bei diesem Arbeitsschritt hatte ich den Pressstempel im Rücken oder an der Seite. Ein Sicherheitsschalter sollte zwar verhindern, dass er sich unkontrolliert bewegte. Manchmal tat er das aber doch. Zum Glück nicht allzu schnell, sodass ich zur Not noch hätte wegspringen können.

Wir wiesen das Zivilpersonal zwar immer wieder auf das Problem und die Gefahr hin, doch es tat sich nichts. Also blieb dieser lebensgefährliche Mangel bestehen.

Der tägliche Kampf ums Überleben: Arbeitsbedingungen und Unfälle

Arbeitsunfälle und Verletzungen bei den Arbeitskommandos innerhalb und außerhalb des Lagers gab es zuhauf. Sie gehörten auch zum Alltag meines Arbeitskommandos. Das hatte viele Gründe. Ein Hauptgrund war sicher das Alter der Anlagen. Sie waren uralt. Einige stammten aus den 1930er

Jahren und wurden nur noch auf Verschleiß gefahren. Das betraf auch die Sicherheitseinrichtungen, die, gelinde gesagt, marode waren. Von Seiten des CKB wurde nicht allzu viel getan, um die Verhältnisse zu verbessern und die Arbeitsbedingungen sicherer zu machen. Letztlich war das der Grund, warum gerade in diesem Bereich Strafgefangene eingesetzt wurden.

Es brauchte noch nicht einmal etwas in unserer Werkhalle passieren. Überall lauerten Gefahren. Direkt gegenüber stand die Halle, in der die Chlorchemie produzierte. Auch dort arbeiteten Strafgefangene. Wenn wir aus dem Bus oder Container stiegen, husteten wir uns manchmal die Lunge aus dem Leib. Dann wussten wir, dass in der Chlorchemie ein Ventil geplatzt und Chlorgas oder eine chlorhaltige Verbindung ausgetreten war, die nun zu uns herüberwaberte und uns den Atem nahm. In solchen Fällen setzten die Leute in der Chlorchemie ihre Atemmasken auf. Wir hatten keine Masken …

Zu den maroden und gefährlichen Arbeitsbedingungen kam noch die Unerfahrenheit der Neuzugänge. Sie mussten erst einmal »angelernt« werden. Das geschah meist durch Mitgefangene und mitten im laufenden Produktionsprozess. Die Mitgefangenen zeigten wenig Neigung, Abläufe zwei- oder dreimal zu erklären. Wenn man etwas nicht sofort begriff, musste man sich allein weiterhelfen und das führte oft zu Fehlern und Unfällen. Es galt das Prinzip: Je schneller man sich in die Arbeit einfuchste, desto geringer das Risiko, einen Arbeitsunfall zu erleiden.

Mein Tribut an dieses Prinzip waren die Verbrennungen an den Unterarmen während der ersten Tage im Betrieb. Später als »Ofen-Mann« kamen Verbrennungen durch herumfliegende heiße Metallsplitter dazu. Die flogen herum, wenn die Kelle, die die Pressplatten auffing, wieder zurückschwang und sich darin noch heiße Alu-Reste befanden. Die flogen dann umher und trafen manchmal meine ungeschützten Unterarme oder mein Gesicht. Es passierte auch, dass heiße Alu-Stücke in den offenen Kragen meines Arbeitshemds fielen.

Dann konnte ich mich nur blitzschnell nach vorn beugen, um das heiße Metall von meinem Körper wegzubekommen. Nicht immer gelang das. Die Stellen kühlte ich dann mit Wasser aus einer Wanne, in der ich normalerweise jene Alu-Blöcke abkühlte, die im Ofen zu heiß geworden waren.

Jeden Monat mussten wir ein Papier unterzeichnen, das dokumentieren sollte, wir seien vom CKB über die geltenden Arbeitsschutzbestimmungen im Werk unterrichtet worden. Darin stand zum Beispiel, dass wir Sicherheitsschuhe mit Stahlkappen bei der Arbeit zu tragen hätten. Es gab aber gar nicht genug dieser Sicherheitsschuhe, um jeden von uns damit auszustatten. Wenn jemandem ein 30 Kilo schwerer Metall-block auf die Füße fiel und er keine Stahlplatten im Schuh hatte, trug er schlimmste Quetschungen davon.

Ich entging mehrmals nur knapp einem solchen Unfall. Als »Ofen-Mann« hatte ich damit ständig zu tun, ich musste die Alu-Blöcke vor dem Aufheizen auf eine Metallschräge wuchten. Die war etwa 1,50 m hoch. Gegen Schichtende konnte es schon einmal passieren, dass ich nicht mehr die Kraft hatte, den Block bis ganz nach oben zu hieven. Er fiel herunter und ich konnte nur noch die Füße wegziehen. Zum Glück ist mir bei solchen Vorfällen nie etwas passiert. Andere hatten ein solches Glück nicht. Die landeten im Krankenrevier des Lagers oder bei schwereren Fällen im Krankenhaus. Quet-schungen, Verbrennungen und Schnittverletzungen waren an der Tagesordnung, in der Chlorchemie auch Verätzungen. Einmal erwischte es auch meinen »Pressefahrer«. Er wollte wie vorgeschrieben die Profilmaße prüfen. Dafür musste er an einer Bandsäge ein Stück von dem Alu-Strang abschneiden, der gerade gezogen worden war. Da das Metall noch sehr heiß war, trug er Asbesthandschuhe. An der Bandsäge gab es eine Sicherheitsvorkehrung, die verhindern sollte, dass man mit der Hand in die Säge kam. Die war aber defekt oder nicht mehr vorhanden. Als er von der Bandsäge zurückkam, war er kreidebleich. Ich fragte, was los sei, und da klappte er nur wortlos den Handschuh am Daumen weit ab. Er war abgerutscht und hatte sich tief ins Fleisch geschnitten. Offenbar stand er in diesem Moment so unter Schock, dass er kaum blutete und keine großen Schmerzen hatte. Ich war geschockt beim Anblick dieser furchtbaren Wunde. Aber er hatte Glück im Unglück: Es waren keine Sehnen oder Knochen durchtrennt. Die Wunde wurde genäht und nach einigen Tagen stand er wieder an der Maschine.

Auch in der Gießerei, die direkt mit unserer Halle verbunden war, passierten fast täglich schlimme Unfälle. Dort wurden Aluminiumlegierungen hergestellt. Das flüssige Metall brodelte in Kesseln, die im Erdboden eingelassen waren. Meist waren es Verbrennungen, die dadurch entstanden, dass das flüssige Metall aus den Kesseln im Boden nach oben spritze. Das konnte schon durch den alten Putz, der regelmäßig von der Hallendecke in die flüssige Masse fiel, passieren. Die Masse reagierte dann sehr heftig. Unfälle passierten auch beim Umfüllen des Alus in Gießformen. Dabei flogen Funken und heiße Tropfen durch die Gegend. Die Verletzungen waren nicht nur äußerst schmerzhaft, sondern der Heilprozess war oft auch langwierig, weil sich das Metall tief in die Haut einbrannte, besonders wenn Magnesium in der Legierung war. Manchmal bekam ich direkt mit, wenn solche Unfälle passierten. Es war für mich entsetzlich, die Wunden zu sehen und mitzubekommen, welche Schmerzen die Mitgefangenen erleiden mussten.

Das Wachpersonal dagegen schien diese Ereignisse zumindest äußerlich ohne jede emotionale Regung zur Kenntnis zu nehmen. Diese Leute registrierten lediglich für die Buchführung, dass eine Arbeitskraft ausgefallen war, wo sie eingesetzt war und dass sie nun ersetzt werden müsse. Diese Erkenntnis war für mich fast genauso schlimm. Zu wissen, dass auch ich in deren Augen nur reduziert war auf meine Arbeitskraft, verstörte mich. Ich war kein Mensch mehr, sondern eine Nummer. Nummer »15-45«. Ersetzbar, wenn nötig, durch Nummer »15-46« oder »15-47«. Ganz egal, denn es gab noch viele andere Strafgefangene im Lager Bitterfeld …

Diese schrecklichen Erlebnisse riefen in mir Albträume und Ängste hervor, auch mir könnte so etwas passieren. Vor jeder Schicht hoffte ich inständig, dass mir so etwas erspart blieb. Wenigstens heute. Und jeden Tag neu.

Medizinische Versorgung und ein Wurzelproblem

Hatte ein Strafgefangener ein weniger schweres gesundheitliches Problem, meldete er sich im Krankenrevier. Das war eine Baracke, die sich etwas abseits im Innenlager und unweit der beiden Verwahrhäuser I und II befand. Dort gab es einen Bereich für stationäre Fälle mit mehreren Krankenbetten, eine Apotheke und einen Bereich für ambulante Behandlungen.

Zum Glück musste ich nur selten in diese Baracke, und wenn, dann wegen vergleichsweise kleiner Probleme, wie die schon beschriebenen offenen Blasen an den Füßen während meiner Arbeit auf dem Schwellenplatz oder die Verbrennungen, die ich mir in der Gießerei an den Armen zugezogen hatte. Die waren für mich persönlich schlimm genug und auch schmerzhaft, aber angesichts der viel schlimmeren, teils auch lebensbedrohlichen Verletzungen, die sich andere Insassen bei Einsätzen in Innen- und Außenkommandos zugezogen hatten, war ich noch glimpflich davongekommen.

Die Lagerleitung war tunlichst bestrebt, Nachrichten über Krankheits- oder Arbeitsunfälle auf keinen Fall nach außen dringen zu lassen. Deshalb wurden die Betroffenen, wenn es irgendwie ging, ins lagerinnere Krankenrevier gebracht und dort behandelt. Erst wenn es sich gar nicht vermeiden ließ, wurden die Strafgefangenen in zivile Krankenhäuser gebracht und dort behandelt. Im Krankenrevier arbeiteten meist Strafgefangene mit minimaler medizinischer Ausbildung. Ich vermutete, die Kenntnisse der meisten bewegten sich auf dem Niveau der Erste-Hilfe-Ausbildung. Ausgebildete Krankenpfleger gab es nach meinem Eindruck nicht oder nur wenige, jedenfalls trugen alle, die ich dort bei meinen seltenen Besuchen antraf, die gleichen Knast-Klamotten wie ich. Ausgebildete Ärzte kamen nur zu bestimmten Zeiten ins Lager. Dazu gehörten Allgemeinmediziner und auch ein Zahnarzt.

Anfang Februar begann bei mir ein Zahn zu schmerzen. Zunächst waren die Schmerzen nur schwach und ich hoffte, sie würden bald wieder vorübergehen. Ich verspürte nur wenig Lust, im Lager zum Zahnarzt zu gehen, nachdem, was ich von Mitgefangenen über ihn und seine Behandlungsmethoden gehört hatte. Leider wuchs das Loch im Zahn proportional zu meinem Zahnweh. Ich versuchte zunächst alles Mögliche, um die Schmerzen irgendwie zu lindern. So besorgte ich mir auf Anraten anderer aus meinem Arbeitskommando ein Hustenmittel aus dem Krankenrevier. Das mischte ich dann unter Brotteig und formte daraus kleine Kügelchen, die ich mir auf den Zahn drückte. Das sollte angeblich den Schmerz lindern, weil im Hustenmittel schmerzstillende Substanzen waren. Anfangs half das sogar. Vielleicht bildete ich mir das auch nur ein, weil es helfen sollte, um den Arztbesuch herumzukommen. Eine Dauerlösung war es leider nicht. Irgendwann war ich soweit. Die Schmerzen wurden vor allem im Schlaf so heftig, dass es mir egal war, wie der Zahnarzt war. Hauptsache er machte etwas und die Schmerzen hörten auf.

Ärgerlicherweise musste ich einige Tage warten, bis der Zahnarzt wieder ins Lager kam. Am letzten Tag im Februar hatte ich dann einen Termin. Das Behandlungszimmer war eine Art Mehrzweckraum. Er hatte den typischen Krankenhausgeruch von Karbol. Darin standen Regale mit Glastüren und Vitrinen mit Gefäßen, in denen ich Medikamente vermutete. Dazu eine mit Kunststoff überzogene gepolsterte Pritsche und, zu meiner großen Überraschung, ein Zahnarztstuhl. Auf einem Tablett daneben lagen schon die entsprechenden Werkzeuge. Nachdem ich Platz genommen und ihm erklärt hatte, welcher Zahn das Problem war, schaute er sich die Stelle an und entschied: Der muss raus. Ich weiß nicht, ob sogenannte zahnerhaltende Maßnahmen nicht besser gewesen wären. Aber die wären sicher zeit- und kostenaufwendiger gewesen. Der Arzt setzte mir die Betäubungsspritze so rücksichtslos an, dass mir vor Schmerzen die Tränen in die Augen schossen. Dann schickte er mich in einen anderen Raum. Dort sollte ich warten, bis die Betäubung wirkte. Die Minuten vergingen, aber die Betäubung setzte nur ganz schwach ein. Der Zahn saß im rechten Oberkiefer. Wenn ich auf die Stelle drückte, spürte ich sie weiterhin. Als der Arzt mich zurück ins Behandlungszimmer rief, erklärte ich ihm, dass ich den Zahn noch fühlen würde. Er meinte, das sei schon in Ordnung. Von wegen. Als er die Zange ansetzte und begann, den Zahn aus meinem Kiefer zu brechen, hörte ich diese schrecklich knirschenden Geräusche nicht nur überdeutlich, sondern es tat auch höllisch weh. Zwei Helfer drückten mich an der Schulter nach unten. Das Krachen des Kiefers, die Schmerzen und das Blut in meinem Mund, das alles dauerte nur ein paar Sekunden, vielleicht eine halbe oder eine Minute, aber mir kam es wie eine Ewigkeit vor. Als der Zahn heraus und die »Behandlung« vorbei war, ließen die Schmerzen glücklicherweise sofort nach. Mit einem Zahn weniger und der Erfahrung mehr, dass alles, was über diesen Zahnarzt erzählt wurde, absolut den Tatsachen entsprach, verließ ich das Krankenrevier in der Hoffnung, nie mehr dorthin zu müssen.

Die Zahnbehandlung war am Vormittag. An diesem Tag hatte ich Spätschicht. Ich ging davon aus, dass ich zumindest an diesem Tag nicht zur Arbeit mit rausfahren müsse. Doch mein Kommandoführer erklärte mir ungerührt, dass ich zur Arbeit müsse wie alle anderen, wenn ich keine Krankschreibung vom Arzt hätte.

Lagerroutine

Die Tagesabläufe im Strafvollzug an der Bitterfelder Park-straße richteten sich für die Arbeitskommandos, die außerhalb eingesetzt wurden, stark nach dem Drei-Schichtsystem, in dem wir arbeiteten. Wieder zurück im Lager, wurden wir nach jeder Schicht auf dem zentralen Lagerplatz ausgeladen. Es folgten die Kontrollen. Dann ging es wieder im Gleich-schritt zu unserem Verwahrhaus. Das passierte je nach Schicht in der Regel gegen 15.00 Uhr, 23.00 Uhr oder morgens 7.00 Uhr. Es konnte aber auch passieren, dass die Gefangenenzahl zwischen Abfahrt zur Arbeit und Rückkehr ins Lager nicht übereinstimmte. Das war dann der Fall, wenn es im Werk einen »plötzlichen Abgang« wegen eines Unfalls gegeben hatte und die Wärter das nicht gemeldet hatten. Oder sie hatten sich verzählt. In jedem Fall mussten wir auf dem Platz so lange angetreten bleiben, bis Klarheit herrschte. Das konnte bis zu einer Stunde dauern. Besonders nach der Nachtschicht war das alles andere als angenehm. Wir waren dann einfach todmüde und wollten nichts anderes als ins Bett und schlafen.

Ansonsten war das Lagerleben geprägt von Routineauf-gaben, die wir Strafgefangenen zu erledigen hatten. Dazu gehörte die wöchentliche Reinigung unserer Verwahrräume, der Flure und Treppenhäuser, sowie der Toiletten- und Duschräume in den Verwahrhäusern. Auch in diesen Toi-letten gab es keine Türen. Das Prinzip der persönlichen Ent-würdigung wurde auch hier fortgesetzt. Für mich persönlich eine unglaubliche Zumutung, obwohl ich im Laufe meiner Knastzeit gelernt hatte damit umzugehen.

Zu den Regeldiensten gehörte auch das Kehren der Plat-tenwege rund um die Verwahrhäuser sowie der zentralen Lagerstraße. Diese führte vom Eingang unseres Verwahr-hauses zum sogenannten »Kupferplatz«, der Metallaufberei-tung, wo Strafgefangene Kupferdrahtspulen aus alten Elek-tromotoren herausschlugen. Das war eine Strecke von etwa 400 Metern. Wir trugen bei diesen Arbeiten unsere normale

Anstaltskleidung mit einem blauen Käppi. Wenn sich uns jemand vom Wachpersonal näherte oder an uns vorbeiging, mussten wir die Arbeit unterbrechen und das Käppi abnehmen, bis er uns passiert hatte. Einmal war ich während meiner Arbeit auf der Lagerstraße so in Gedanken versunken, dass ich den Wachtypen, der an mir vorbeigehen wollte, nicht wahrgenommen hatte. Er baute sich dicht vor mir auf und schnauzte mich an, ob ich die Lagerregeln nicht kennen würde. Ich riss mein Käppi vom Kopf, ging auf einen Meter Abstand und stand stramm vor ihm, mein Käppi in der rechten Hand. Solche Szenen kannte ich bisher nur von DEFA-Filmen wie »Nackt unter Wölfen«. Nur war das gerade Erlebte eben nicht Buchenwald 1945, sondern Bitterfeld 1979 – keine vier Jahre nachdem Erich Honecker die Schlussakte von Helsinki unterschrieben hatte. Er fragte nach meiner Nummer und wo ich untergebracht sei, doch unmittelbare Konsequenzen hatte es für mich keine.

Außerhalb der Lagerdienste und bis zur nächsten Arbeitsschicht hatten wir sogar etwas Freizeit. Tagsüber konnten wir uns in den Verwahrhäusern und deren unmittelbarer Umgebung frei bewegen. Im Frühjahr und Sommer erhaschten wir so auch ein paar Sonnenstrahlen.

Im Verwahrhaus gab es einen Fernsehraum. Natürlich durfte nur DDR-Fernsehen laufen. Wenn abends ein interessanter Film kam und ich nicht arbeiten musste, nutzte ich die Gelegenheit. Die Filme begannen 20.00 Uhr. Besonders gern sah ich Komödien. Die lenkten für ein paar Momente vom grauen Lageralltag ab. Probleme hatte ich selbst genug. Die brauchte ich mir nicht noch im Fernsehen anzuschauen.

Um einen einigermaßen guten Platz zu ergattern, ging ich meist schon einige Minuten vor Beginn des Films in den Fernsehraum. Da lief meist noch die »Aktuelle Kamera«, die Hauptnachrichtensendung des DDR-Fernsehens. Die interessierte mich kaum, weil sie fast ausschließlich Propaganda der SED-Regierung bot. Davon hatte ich die Nase ohnehin schon gestrichen voll.

Hier befand sich der frühere Eingang zum Straflager Bitterfeld. Der Zaun im Hintergrund markiert die Stelle, wo das Tor ins Lager war, aufgenommen im Mai 2017.

Einmal im Monat durften wir im Lager etwas einkaufen. Ich »verdiente« etwa 110 bis 130 Mark im Monat. Damit lag ich im Vergleich zu anderen meines Kommandos im oberen Bereich. Das hatte in erster Linie mit meiner besser bezahlten Stellung als »Ofen-Mann« zu tun. Allerdings bekam ich nur einen kleinen Teil des Geldes ausgezahlt, der Rest ging auf ein Konto. Dieses Geld sollte ich erst bei meiner Entlassung erhalten.

Bei Übererfüllung der Arbeitsnorm konnte man mehr verdienen. In unserem Werkteil hing am Eingang zum Umkleideraum eine Tafel, auf der die Normerfüllung eines jedes Einzelnen in Form von Säulendiagrammen aufgeführt war. Die 100-Prozent-Linie war von links nach rechts durchgezogen. Die Säulen zeigten, ob man darunter, darüber oder genau drauf lag. Das sollte anspornen. Mir aber gab es die Möglichkeit zu kontrollieren, dass ich nicht mehr als 100 Prozent arbeitete. Ich wollte dem System nur die nötigste Arbeitsleistung erbringen. Weniger zu arbeiten hätte Konsequenzen gehabt, denn bei dauerhafter Nichterfüllung der Norm hätte

Entzug von Privilegien, wie Besuchssperre, gedroht oder es hätten Strafarbeiten, wie zusätzliche Reinigungsdienste im Lager, erledigt werden müssen. Das Geld erhielten wir in Wertmarken, die nur innerhalb des Lagers galten. Ich kaufte mir davon meist Tabak und je nach Angebot Lebensmittel: Süßigkeiten, Obst oder Fruchtsaft. Der Tabak war nicht nur für mich bestimmt. Er war auch ein bewährtes Tauschmittel, wenn man ein Extra aus der Wäscherei brauchte – wie weichere Socken oder weniger kratzende Unterhemden –, etwas aus der Küche verlangte – ein Brötchen außerhalb der Reihe oder eine Flasche Cola – oder aus der Krankenstation Pflaster und Wundbinden benötigte. Die Leute dort wussten ihre Stellung zu nutzen. So funktionierte das Mangel-System, drinnen wie draußen. Diejenigen mit Privilegien waren im Vorteil. Ich war schon froh, dass es nur um Tabak als Zahlungsmittel ging.

Von Fettnäpfchen und Schutzengeln

Peter half mir mit seinen Erfahrungen, mich in diesem System zurechtzufinden. Im normalen Leben wären wir uns wohl kaum begegnet. Und wenn doch, dann wäre ich ihm sicher aus dem Weg gegangen, sobald ich erfahren hätte, dass er schon dreimal vorbestraft war. Wir beide lebten draußen in zu unterschiedlichen Welten. Doch hier im Lager sah das ganz anders aus. Hier konnte ich ihm nicht aus dem Weg gehen und wollte es auch gar nicht. Er gehörte offenbar zu den Menschen, die immer wieder im Gefängnis landeten. Nicht, weil sie von Natur aus schlecht oder kriminell waren, sondern weil sie draußen einfach nicht zurechtkamen. Sie brauchten feste Regeln, immer wieder jemanden, der ihnen sagte, wo es langging. Sie kamen mit der Freiheit und den täglichen zu treffenden Entscheidungen nicht zurecht. Im Lager oder im Gefängnis war das anders. Sie hatten ein Dach über dem Kopf, wurden verpflegt, brauchten sich um keinen Arbeitsplatz zu kümmern und bekamen jeden Tag gesagt, was sie zu tun und zu lassen hatten. Die Rückfallquote unter den Strafgefangenen war nach meinen Beobachtungen recht hoch. Ich habe während meiner Haftzeit viele Mithäftlinge getroffen, die wiederholt im Gefängnis saßen. Es waren oftmals nicht die schlechtesten Zeitgenossen.

Als ich beispielsweise nach Bitterfeld ins Verwahrhaus I kam, wurde dort nach drei oder vier Wochen ein Häftling aus meinem Arbeitskommando entlassen. Nur ein paar Wochen später kam er schon wieder zurück ins Lager. Unter dem Beifall seiner früheren und nun wieder aktuellen Kameraden nahm er seinen alten Job in unserem Arbeitskommando auf, bekam sein Bett im selben Schlafsaal. Eingewöhnungsprobleme gab es für ihn nicht. Ihm war alles noch vertraut, sowohl bei der Arbeit als auch im Lager. Seine Welt schien damit quasi wieder in Ordnung zu sein.

Peter war nicht so. Aber auch er hatte draußen wohl immer wieder Probleme, die ihn mit dem Gesetz in Konflikt und dann hinter Gitter brachten. Mir war das egal. Er kam zwar immer wieder mit dem DDR-Gesetz in Konflikt, und vor diesen Gesetzen mag er ein Krimineller gewesen sein, doch für mich war er ein Schutzengel.

Nicht nur gegenüber dem Wachpersonal gab es festgelegte und unumstößliche Regeln, deren Verletzung Strafen nach sich zog, sondern auch unter den Strafgefangenen. Davon hatte ich als Neuling in diesem Kreis nicht die geringste Ahnung. Dummerweise erklärte sie mir auch keiner. Ich musste sie selbst erkennen und das war nicht immer leicht und schon gar nicht problemlos. Solche Fettnäpfchen warteten überall und nicht alle ließ ich aus. Zu meinem Glück gab es Peter. Wenn wir etwa von der Arbeit zurück ins Lager und in unseren Verwahrraum kamen, schnappte ich mir anfangs immer als Erster eine der Zeitungen, die auf den Tischen lagen. Das waren das »Neue Deutschland« und die »Junge Welt«, die Zeitung der FDJ. Ich las diese Blätter meistens sehr sorgfältig. Denn wenn man die rote Agitation unbeachtet ließ, fand man durchaus wichtige Informationen, auch zur

Ost-West-Situation. Ich saugte winzigste Hinweise auf und suchte nach Anhaltspunkten zum deutsch-deutschen Verhältnis. Denn war es angespannt, konnte das die Bereitschaft der DDR-Führung schmälern, politische Häftlinge in den Westen ziehen zu lassen, auch wenn sie Devisen dafür bekam. Ideologie ging hier vor Geschäft.

Ich las aber auch den Sportteil ganz gern oder die Seiten mit den bunten Meldungen und Themen. Nach ein paar Tagen nahm mich Peter beiseite und steckte mir, dass einige aus dem Kommando ziemlich sauer auf mich seien, weil ich immer vor ihnen die Zeitung wegschnappte. Er klärte mich auf, dass es ein Privileg der sogenannten Alt-Strafer sei, die Zeitung als Erste zu lesen. Die Alt-Strafer waren diejenigen, die schon länger saßen oder kurz vor der Entlassung standen. Diese Privilegien galten auch bei anderen Gelegenheiten, etwa beim Einkauf, bei der Essenausgabe während der Schicht im Werk, bei der Benutzung der Bänke vor dem Verwahrhaus oder aber im Fernsehraum unseres Verwahrhauses. Dort erwischte es mich ein weiteres Mal. Eines Abends lief im Fernsehen ein Film aus der lustigen dänischen Olsenbande-Reihe über drei Kleinganoven, deren Coups zwar perfekt geplant waren, am Ende aber immer an irgendeiner Kleinigkeit scheiterten. Sie war in der DDR sehr beliebt. Den wollte ich mir nicht entgehen lassen. Ich hatte Tagschicht und war damit abends bis zur Nachtruhe frei. Als ich den Raum betrat, waren fast alle Stühle besetzt bis auf einige in der ersten Reihe direkt vor dem Fernsehgerät. Völlig ahnungslos lief ich nach vorn und ließ mich auf einem der freien Plätze nieder. Hinter mir hörte ich einige Leute lachen, andere murmelten irgendetwas. Ich bezog das gar nicht auf mich, denn ich war mir keiner Schuld bewusst. Bis plötzlich ein paar dieser Alt-Strafer hereinkamen und mir mit ziemlich drastischen und klaren Worten vor versammelter Mannschaft zu verstehen gaben, wohin ich gehörte. Auf gar keinen Fall auf einen dieser Stühle. In diesem Moment kam Peter dazu, der offenbar ein besseres Standing bei denen hatte als ich, stellte sich schützend vor mich und erklärte ihnen mein irreguläres Verhalten mit meiner Unerfahrenheit.

Ich denke, in beiden Fällen haben mich Peters Ansehen und das Wissen, dass er seine Fittiche über mich hielt, innerhalb des Arbeitskommandos vor Schlimmerem bewahrt. Solche Angelegenheiten wurden sonst auch schon mal beim Duschen erledigt, mit Schlägen auf die Nieren. Das war sehr schmerzhaft, hinterließ aber keine Spuren. Eine Methode, die auch vom Wachpersonal eingesetzt wurde. Die schlugen allerdings nicht mit Fäusten, sondern mit Schlagstöcken, wie ich von Mitgefangenen, die schon länger im Straflager Bitterfeld saßen, erfuhr.

Eine Welt ohne Farben

Meine Zeit im Lager floss zäh dahin. Die Tagesabläufe waren bestimmt von grauer Lagerroutine. Tage waren wie Wochen, Wochen wie Monate, Monate wie Jahre. Die Erinnerungen und Gedanken daran erscheinen mir im Rückblick auch heute noch in Schwarz-Weiß. Farben fehlten völlig. Ich erinnere mich nicht mehr daran. Farben spielten keine Rolle. Sie wurden vom Bitterfelder Grau überdeckt.

Die einzigen Lichtblicke waren die Post von draußen und die »Sprecher«.

Ich bekam relativ viel und oft Post, meist von meinen Eltern und meinem Bruder, hin und wieder auch von Freunden. Jeder Brief war wie ein Geschenk des Himmels. Sie alle hatten mich nicht vergessen, hielten zu mir. Beim Lesen der Post konnte ich alles um mich herum vergessen. Besonders intensiv las ich die Briefe meiner Eltern, auch in der Hoffnung, vielleicht irgendeinen versteckten Hinweis zu entdecken, wie es um unsere Ausreise stand. Natürlich wurde jeder Brief, jede Karte von der Lagerleitung streng kontrolliert, bevor sie an uns Strafgefangene ausgehändigt wurden. Aber so sehr ich auch suchte, ich fand nichts.

Das war frustrierend. Ich hatte gehofft, alles würde viel schneller gehen. Nun schwankte ich zwischen Hoffnung und Verzweiflung. Manchmal sprang mich der Gedanke an, was wohl wäre, wenn die Behörden mich tatsächlich wieder in die DDR entließen. Dann müsste ich alles noch einmal durchmachen. Mit Sicherheit wäre dann meine Freiheitsstrafe als Wiederholungstäter viel höher.

Dann wieder gab es Momente, da strotzte ich nur so vor Zuversicht, dass ich schon an mein Ziel käme. Meinen Optimismus nährten auch Gespräche mit Mitgefangenen, die wie ich wegen versuchter Republikflucht verurteilt worden waren. Sie hofften ebenfalls, vom Westen freigekauft zu werden. Wir bestärkten uns gegenseitig in unseren Hoffnungen und in unserer Zuversicht.

Der absolut positivste Höhepunkt im Lageralltag war der »Sprecher«, also der monatliche Besuchstag für die Angehörigen. Für unser Arbeitskommando lag dieser Termin am dritten oder vierten Wochenende eines Monats. Wenn ein Besuchstag vorbei war, zählte nicht nur ich die Tage bis zum nächsten Mal. Das Wachpersonal und die Lagerleitung wussten natürlich, dass wir alle diesen Besuchen entgegenfieberten und wie sehr wir uns darauf freuten. Deshalb zählte es zu den härtesten Strafen, wenn der »Sprecher«, aus welchen Gründen auch immer, gestrichen wurde. Ich hätte lieber Schläge und Prügel in Kauf genommen als auf einen »Sprecher« zu verzichten. Mir blieb beides erspart.

Für die, die es traf, war es unfassbar hart. Denn während wir anderen an diesem Tag aus unserem Verwahrraum in den Besuchertrakt geführt wurden, mussten sie allein zurückbleiben.

Der Besucherraum lag innerhalb des Lagers, aber außerhalb des streng gesicherten Bereichs, in dem wir Strafgefangene normalerweise waren. Menschen von außen sollten nicht ahnen und mitbekommen, unter welchen Bedingungen wir lebten. Das war mir nur recht. Ich wollte meine Eltern nicht noch mehr beunruhigen.

Die Besuchszeit betrug eine Stunde. Dafür mussten meine Eltern eine umständliche, beschwerliche und zeitraubende Fahrt mit Bus und Bahn auf sich nehmen. Manchmal brachte sie auch ein Freund in dessen Trabant nach Bitterfeld. Das war für sie wie ein Fünfer im Lotto.

Der Besucherraum ähnelte einer Kantine. Es roch nach Bohnenkaffee. Das fand ich immer besonders angenehm als Kontrast zum üblichen Geruchsgemisch aus Bohnerwachs und Desinfektionsmittel in unserem Verwahrhaus oder zum Dunst aus Öl, Staub und Metall im Werk. Wenn ich den Besuchsraum betrat, saßen meine Eltern schon an einem der Tische, an dem an jeder Seite zwei Personen Platz hatten. Wir durften uns zur Begrüßung umarmen, aber nur unter Aufsicht des Wachpersonals, damit wir uns nicht heimlich etwas zusteckten. Es hätte ohnehin keinen Zweck gehabt, denn nach dem »Sprecher« wurde ich, wie alle anderen, per Leibesvisitation kontrolliert, bevor wir ins Lagerinnere zurückgebracht wurden.

Während des Besuchs saßen wir uns am Tisch gegenüber, meine Eltern auf der einen Seite, ich auf der anderen.

Bei meinem ersten Sprecher in Bitterfeld im Januar erklärten mir meine Eltern, dass sich Wolfgang Mischnick, der FDP-Fraktionschef im Bundestag, und Hans-Jürgen Wischnewski, Staatsminister beim Bundeskanzler, für meine Freilassung persönlich verwenden wollen.

Das machte mir natürlich Mut und gab mir Zuversicht.

Angehörige des Wachpersonals patrouillierten zwischen den Tischen hin und her. Manchmal blieben sie stehen und hörten demonstrativ den Gesprächen zu. Natürlich unterhielt ich mich in solchen Momenten mit meinen Eltern nur über Triviales. Mein Bruder Ralf durfte an den Besuchen leider nicht teilnehmen, weil er damals noch nicht 14 Jahre alt war. Aber so waren die Lager-Bestimmungen. Ich hätte ihn so gerne wiedergesehen. Schließlich war ich es, der ihm als Baby gezeigt hat, wie er seine Trinkflasche halten musste, um im Liegen zu trinken. Ich hatte ihm das Laufen beigebracht. Wir

HANS-JÜRGEN WISCHNEWSKI
STAATSMINISTER BEIM BUNDESKANZLER

22 ,- K 28733/78

5300 BONN 12, DEN   6. Dezember 1978
POSTFACH
ADENAUERALLEE 141
FERNRUF: DURCHWAHL 56.31 50

Herrn

Karlheinz Mrazek

Schmittgasse 39 a

5000 Köln 90

Sehr geehrter Herr Mrazek!

Für Ihren Brief vom 18. November 1978 danke ich Ihnen. Ich kann
Ihnen versichern, daß die Bundesregierung nach Kräften darum bemüht ist, nicht nur Ihrem Bruder und seiner Frau, sondern auch
dem Sohn Falk zu helfen. Das zuständige Bundesministerium für
innerdeutsche Beziehungen bemüht sich zur Zeit um nähere Informationen zu der Verurteilung durch das Kreisgericht Bischofswerda.
Das Ministerium steht Ihnen auch weiterhin in allen Fragen mit sach-
kundigem Rat zur Verfügung.

Mit freundlichen Grüßen

Antwortschreiben von Hans-Jürgen Wischnewski, damals Staatsminister im
Bundeskanzleramt, mit der Versicherung, dass die Bundesregierung nicht nur
meinen Eltern, sondern auch mir nach Kräften helfen wird.

hatten uns gezankt und vertragen. Er war mein Bruder. Er
fehlte mir.

Während des Besuchs konnten die Angehörigen Kaffee,
Kuchen und alkoholfreie Getränke für die Strafgefangenen
kaufen. Auch durften kleine Geschenke überreicht werden,
selbstverständlich kontrolliert.

Einmal hatten meine Eltern frisch gepressten Orangensaft
in einer Flasche mitgebracht, in der vorher Dimple-Whiskey
war. Das Etikett hatten meine Eltern vorher entfernt, denn

Westwerbung war in einem sozialistischen Arbeitslager natür-lich verboten. Die Flasche hatte eine charakteristische Form, sie war zwar rund, wölbte sich aber von drei Seiten nach innen. Dazu gaben sie mir einen dreieckigen, silber-schwarzen Kugelschreiber, den mein Onkel aus Köln mal mitgebracht hatte. Beides waren Sensationen bei meinen Mitgefangenen als ich wieder in meinen Verwahrraum zurückkam. Einige boten mir ihr halbes Monatsgehalt dafür. Damit konnte ich nichts anfangen. Ich versprach Peter, ihm die Dimple-Flasche und den Kugelschreiber zu geben, wenn ich das Straflager verlassen würde.

Doch wichtiger als alle mitgebrachten Sachen meiner Eltern waren für mich die Neuigkeiten, wie es um unsere Ausreise stand. Schließlich war ich an diesem Ort und in Gefangenschaft, damit wir endlich in den Westen und in Freiheit kamen. Bei jedem weiteren »Sprecher« hoffte ich inständig, dass mir meine Eltern etwas Positives sagen wür-den. Sie erklärten mir immer wieder, dass die Behörden in Bischofswerda ihnen weiterhin versicherten, dass unsere Angelegenheit in unserem Sinne geregelt werden würde. Allerdings taten sie das schon seit meiner Aktion und getan hatte sich noch immer nichts. Außerdem blieb unklar, ob das Bemühen auch meine Person einschloss, denn seit meinem 18. Geburtstag lief ich formal nicht mehr auf dem Antrag meiner Eltern. Januar, Februar, März vergingen und nichts tat oder änderte sich.

Ein Brief bringt die Farben zurück

Der April kam. Zunächst lief alles weiter in bleierner Routine. Der Alltag im Straflager schleppte sich genauso dahin wie mein Arbeitsalltag. Alles an dieser Ausnahmesituation war normal geworden. Ich vergaß manchmal schon, warum und wie lange ich noch an diesem Ort bleiben musste. Die Sphä-ren von drinnen und draußen verschwammen. Das Straflager war wie ein großer Organismus. Dieser fraß mich durch seine unerbittliche Routine langsam auf, er inhalierte mich, machte mich von Tag zu Tag mehr zu einem Teil von sich. Jeden Tag die immer gleichen Abläufe. Ich fühlte mich mutlos. Machtlos. Schutzlos. Ausgeliefert diesem Räderwerk. Es mahlte langsam und unerbittlich. Ich kämpfte jeden Tag darum, dass von mir noch etwas übrigblieb.

Mitte April kam wieder Post von meinen Eltern. Ich kam gerade von einer langen, anstrengenden Nachtschicht. Wieder hatten sie einige Mitgefangene meines Arbeitskommandos nur mit schweren Verletzungen überstanden.

Meine Post war wie üblich geöffnet und von der Leitung des Straflagers kontrolliert. Ich las den Brief.

Satz für Satz. Zeile für Zeile. Wort für Wort.

Was ich las, war so unfassbar, dass ich es nicht glauben konnte. Deshalb musste ich es wieder und wieder lesen. Mein Herz klopfte immer heftiger, meine Hände zitterten. Diesmal allerdings vor unbändiger Freude. Meine Eltern schrieben nicht mehr und nicht weniger, als dass ihre Ausreise und die meines Bruders Ralf unmittelbar bevorstehe. Die Behörden des Kreises Bischofswerda hätten ihnen mitgeteilt, dass sie ihre Sachen packen sollen. Am 5. Mai 1979 würden sie nach Westdeutschland ausreisen!

Bischofswerda, d. 12.4.79

Lieber Falk!

[handschriftlicher Brief]

Brief von meinen Eltern vom 12. April 1979, in dem sie mir mitteilen, dass ihre Ausreise unmittelbar bevorsteht.

nationen über diese Spiele. Im ČSSR-Fernsehen, was ich ganz gut empfange, konnte ich wenigstens das Spiel Düsseldorf gegen Ostrava original verfolgen. Für meine Begriffe war es ein gutes Spiel. Die Düsseldorfer haben verdient mit 3:1 gewonnen. Das erstaunlichste Resultat aber erreichte Köln in Nottingham mit 3:3. Auch Hertha hat trotz 0:1 Niederlage in Belgrad noch eine gute Ausgangsposition.

Lieber Falk, laß Dich also durch nichts mehr irre machen. Verhalte Dich weiterhin korrekt und anständig die letzten Tage. Bald hast Du alles hinter Dir.

Auf das baldige Wiedersehen freuen sich schon sehr, sehr, sehr

Dein Vati, Deine Mutti und Dein Bruder Ralf!

Viele Grüße von Deinem Freund Günter Lehmann. Er hatte uns vorige Woche besucht!

Mein Vater schrieb, dass ich jeden Tag mit meiner Entlassung rechnen könne und riet mir dennoch zu Besonnenheit.

Bitterfeld, April 1979

Liebe Eltern, lieber Ralf!

Meine Freude war unbeschreiblich, als ich gestern
abend den Brief Vaters vom 12.4. erhielt. Was
ich dort zu lesen bekam, ließ mein Herz vor
Freude förmlich stocken und ich mußte mir die
Zeilen erst mehrmals durchlesen bevor ich begriff,
was sie bedeuten bzw. daß das Gelesene nicht
nur ein schöner Traum sondern Realität ist.
Für mich kam diese Nachricht insofern überraschend
als daß ich offensichtlich einen Brief von Vater
nicht erhielt, das letzte Lebenszeichen von euch
stammt von Ende März / Anfang April, und ich
somit nicht auf dem Laufenden war. Um so glücklicher bin ich selbstverständlich jetzt, da alles ein
Ende hat. Dreieinhalb Jahre warten und das Hin-
steuern auf das große Ziel „Ausreise" zahlen sich
nun endlich aus. Doch wenn ich ganz ehrlich
sein soll, so richtig kann ich es noch gar nicht
glauben. Es verhält sich nun mal so, da kämpft
man so lange für diesen Moment und wenn
es soweit ist, will man es nicht wahrhaben.
Es ist ja auch zu schön, um wahr zu sein !
Interessant wird nun für mich, ob ihr noch zum
„Sprecher kommt, denn aus den Äußerungen im
Brief entnehme ich, daß ihr der Überzeugung seid,
ich sei schon nicht mehr in Bitterfeld. Obwohl wir
uns ja ohnehin bald in Freiheit wiedersehen, wäre

Meine euphorische Reaktion auf den Brief meiner Eltern.

155

es schien interessant, noch etwas nähere Einzelheiten zu erfahren bevor es am fünften Mai endlich losgeht. Na ja, ich lasse nun alles auf mich
zukommen, ich werde ja sehen wie der Ablauf
sein wird.

Das Schöne an der Sache ist auch, daß ich nun
zu den „potentiellen Entlassenen" gehöre und wenn
ich tatsächlich wie ihr am bewußten Termin hier
rauskomme, noch zwei Wochen Strafgefangener
wär! Da meine „innere Ruhe" seit gestern abend
selbstverständlich zum Teufel ist, muß ich ansehen
wie ich die verbleibenden Arbeitstage hinter mich
bringe.

Es grüßt euch ganz, ganz herzlich und struhlen-
der Sonne

Euer Falk

Die Gedanken an die bevorstehende Ausreise machten es mir sehr schwer,
Ruhe zu bewahren.

War das ein Traum, aus dem ich gleich wieder aufwachte? Schon zuvor hatte ich ein paar Mal davon geträumt, ich dürfe endlich in den Westen ausreisen. In einem dieser Träume ging ich durch das Brandenburger Tor. Doch dahinter kam eine Sperre und dann noch eine und so weiter. Die Hindernisse erstreckten sich bis zum Horizont.

Ein anderes Mal träumte ich, ich sei auf dem Kurfürstendamm in Westberlin gemeinsam mit meinen Eltern und meinem Bruder. Aber jedes Mal, wenn ich aufwachte, umgab mich die Tristesse des Lagers. Doch das, was ich las, war kein Traum. Das war die Realität. Wir hatten es offenbar geschafft! Endlich! 5. Mai. Bis dahin waren es nur noch drei Wochen.

Ich gab den Brief Peter zu lesen. Er gratulierte mir und sagte, nun hätte ich das alles bald hinter mir und freute sich ehrlich mit mir.

Aber er wirkte auch traurig. Wir waren gute Kumpel geworden in einer für uns beide harten Zeit. Für mich sollte sie nun bald zu Ende sein. Er hatte noch ein halbes Jahr vor sich, falls er nicht auf Bewährung vorher rauskam. Das Gerücht einer bevorstehenden Amnestie anlässlich des 30. Jahrestags der DDR hielt sich hartnäckig unter uns Strafgefangenen. Peter hatte eine Verlobte und er hoffte, dass sie auf ihn wartete. Ich hatte sie bei diversen »Sprechern« gesehen als die beiden ganz in meiner Nähe saßen.

An den Tagen vor und unmittelbar nach den Besuchen unserer Angehörigen hatten Peter und ich uns immer unsere Gedanken, Ängste und Hoffnungen mitgeteilt. Wir hatten uns gegenseitig das Herz ausgeschüttet. Er sah seine Zukunft weiter in der DDR. Ich dagegen wollte nur noch weg aus diesem System. Wir hatten uns gegenseitig während der Lagerzeit Halt gegeben, wenn es nötig war. Peter war mir eine große Hilfe gewesen. Ohne ihn wäre für mich vieles im Lager schwerer und schlimmer gewesen. Obwohl ich glücklich über die Aussicht war, bald am Ziel meiner Wünsche zu sein, fühlte ich mich in dieser Situation auch traurig, ihn verlassen zu müssen.

Eine Woche nach Erhalt des Briefs war der nächste reguläre »Sprecher« mit meinen Eltern vorgesehen. Ich konnte es kaum erwarten, mit ihnen über unsere Ausreise zu sprechen.

Die Zeit bis dahin verging unendlich schleppend. Ich wollte mehr wissen. Einzelheiten. Vielleicht hatten die Behörden ihnen schon angedeutet, wann und wie ich rauskäme. Endlich war es soweit. Meine Eltern saßen mir gegenüber und erzählten mir, wie die vergangenen Tage verlaufen waren und was die DDR-Behörden ihnen zu meinem Fall mitgeteilt hätten. Leider war immer noch nicht klar, ob ich an diesem Tag auch mit ausreisen dürfte. Aber die Behörden hätten ihnen versichert, dass alles in Ordnung ginge. Das hieß für mich, ich käme in den nächsten Tagen frei. Diese Zusage konnte nur für die ganze Familie gelten. Da waren wir uns ganz sicher. Und ich erst …

Was meine Eltern mir erzählten, klang wie ein Märchen. Sie und Ralf dürften ausreisen. Mein Onkel aus Köln kümmerte sich bereits um eine Wohnung dort. Plötzlich lebte ich wieder in Farbe. Ich sah das Frühlingsgrün an den Bäumen und Sträuchern sprießen.

Das triste Bitterfelder Grau war wie weggewischt.

Dreieinhalb Jahre waren seit unserem Antrag vergangen. So lange war nichts geschehen. Meine Aktion am Brandenburger Tor hatte offenbar Bewegung in die Sache gebracht. Genauso war es auch von meinen Eltern und mir beabsichtigt gewesen. Unser Plan war offenbar voll aufgegangen. Ich war glücklich in diesem Moment.

Der Chef meines Arbeitskommandos vom Lagerpersonal schlug vor, ich solle unter diesen Umständen einen zusätzlichen »Sprecher« beantragen. Das tat ich. Der »Sprecher« wurde für den 30. April genehmigt. Das war eine Woche später.

Ja, ich glaubte zu diesem Zeitpunkt sogar, dass ich bis dahin vielleicht schon draußen sein würde. Ich rechnete jeden Tag mit meiner Entlassung. Ich war wie beflügelt. Alles war plötzlich so leicht. Dinge, die sich zuvor noch unendlich schwer anfühlten, waren federleicht. Ich würde das Lager, den Frust, all die Härten, die Angst um mein Leben bald hinter mir haben … Die Arbeitswoche bis zum »Sondersprecher« empfand ich als völlig entspannt. Nichts konnte mich aus der Ruhe bringen, weder die Arbeitsroutine noch der Lageralltag. Dauerte ein Zählappell länger, dachte ich: »Was soll's, ich hab's ja bald hinter mir.« Jeden Tag wachte ich nun in der Hoffnung auf, am Abend nicht mehr im Lager zu sein. Auch unter meinen Mitgefangenen stieg ich schlagartig im Ansehen. Nun galt ich als Entlassungskandidat und dazu noch in Richtung Westen. Das verschaffte mir die Privilegien, die ich als Neuling nicht haben durfte. Auch Peter als mein Schutzengel profitierte davon. Ich musste beinahe aufpassen, in dieser Situation nicht von Wehmut erfasst zu werden, dass ich das alles, was mir gezwungenermaßen vertraut geworden war, nun verließ.

Doch vor übertriebener und unangebrachter Gefühlsdusseligkeit hielten mich vor allem die Arbeitsunfälle ab, die ich weiterhin miterlebte oder von denen ich erfuhr. Sie schockierten und belasteten mich tagtäglich. Und sie erinnerten mich daran, dass es auch mich noch erwischen konnte, so kurz vor Toresschluss. Davor hatte ich weiterhin große Angst.

Die Woche zwischen beiden »Sprechern« verging. Ich war noch immer im Lager. Auch am 30. April versicherten mir meine Eltern bei ihrem Besuch in Bitterfeld, die Behörden in Bischofswerda hätten ihnen versichert, unser »Fall« würde in unserem Sinn gelöst werden und damit auch meiner. Allerdings sollten sich meine Eltern still verhalten. Sie seien von den DDR-Behörden gewarnt worden, sich auf gar keinen Fall im Westen an irgendwelche Medien zu wenden, etwa bei Gerhard Löwenthals »ZDF-Magazin«, um meine Freilassung zu erzwingen. Gerade das könnte die Lösung meines »Falls« in dieser Situation behindern oder sogar verhindern. Beim »ZDF-Magazin« wurden Briefe von Ausreisewilligen oder von politischen Gefangenen und deren Angehörigen vorgelesen, um Druck auf die DDR-Regierung aufzubauen.

Das wussten wir aus den Zeitschriften und Magazinen wie
»Spiegel« und »Stern«, die uns unsere Verwandten bei ihren
früheren Besuchen verbotenerweise mitgebracht hatten.

Knapp eine Woche sollte es also dauern, bis meine Eltern
und mein Bruder in den Westen fahren durften. Wir verab-
schiedeten uns nach einer Stunde in optimistischer, fast gelös-
ter Stimmung. Dann gingen meine Eltern Richtung Ausgang
und ich zurück ins Lager. Ich drehte mich noch einmal um.
Wir winkten uns zu. Sollte heißen »Bis bald«.

Horror ex machina: Die Brandkatastrophe

Der Mai begann. Der Tag der Ausreise meiner Eltern und
meines Bruders rückte immer näher. Seit zwei Wochen ging
ich nunmehr tagtäglich davon aus, bald entlassen zu werden.
Leider geschah nichts dergleichen. Allerdings war bis zum
5. Mai auch noch etwas Zeit. Zwei Tage vor dem 5. Mai hatte
ich Tagschicht. Alles lief wie immer.

Wir wurden am frühen Morgen mit einem Container wie
immer Richtung Chemiekombinat abgeholt. Im Werk selbst
lief ebenfalls alles routinemäßig ab. Ich arbeitete als »Ofen-
Mann« an »meiner« Hochdruck-Presse. Es war die normale,
alltägliche, infernalische Hölle, die ich und die anderen Strafgefangenen jeden Tag zu ertragen hatten. Es war eine Art
Krieg. Jeden Tag hofften wir aufs Neue, diesen irgendwie
halbwegs zu überstehen. Die einen schafften den Tag ohne
schlimme Verletzungen, andere nicht. Wir waren Soldaten.
Wie in einem richtigen Krieg interessierte die Kommandie-
renden unser Schicksal nur inwieweit die Planziele erreicht
werden konnten. Sie interessierten sich nicht für den Preis.
Den hatten die Soldaten zu zahlen. Also wir. Die Komman-
dierenden saßen im fernen Ostberlin, im Politbüro der SED.
Der Tag begann normal. Ich stand an meiner Maschine. Kontrollierte deren Abläufe. Ließ immer wieder Alu-Blöcke per
Knopfdruck in den Induktionsofen schieben, der sie je nach

Legierung auf bis zu 400 Grad aufheizte. Ich wartete aber auch jede Minute darauf, vom Wachpersonal wegen meiner Entlassung abberufen zu werden. Ich hing meinen Gedanken nach, wie es im Westen sein würde. Meine Fantasien schossen ins Kraut.

Zwischendurch fielen wie üblich heiße Pressplatten in den Öl-Keller. Doch manchmal setzten sie auch das Öl in Brand, denn die Platten waren enorm heiß. Wir Strafgefangenen kannten das Problem. Für solche Fälle gab es Feuerlöscher an der Maschine. Die standen an der Öl-Presse bereit. Einmal den Hebel am Löscher bedienen und auf die Flammen halten, dann waren sie schnell gelöscht. Das war für mich im Laufe der Zeit zur Routine geworden. Bis dahin funktionierten die Feuerlöscher auch immer.

Am 3. Mai 1979 war das anders: Nichts funktionierte!

Wieder hatte eine Pressplatte das Öl unter der riesigen Hydraulikpresse entzündet. Ich schnappte mir den Feuerlöscher und hielt drauf. Allerdings war er nicht mehr voll gefüllt. Die Pulvermenge reichte nicht aus, um die Flammen zu löschen. Auch das hatte ich schon erlebt. Dann war ich zur Nachbarmaschine gegangen und hatte mir den Löscher von dort geholt. Ich tat dies, doch auch dieser Feuerlöscher war nicht mehr voll funktionstüchtig, weil er fast leer war. Die Flammen wurden indes immer intensiver, waberten aber noch träge über das Öl, wie ich von oben sehen konnte. Trotzdem musste schnell ein funktionierender und vor allem vollgefüllter Feuerlöscher her. Alle drei, die wir an dieser Presse arbeiten, einschließlich unsere Zivilmeister rannten los, um solche Dinger zu besorgen.

Laut Arbeitsschutzvorschriften hätten vollgefüllte Feuerlöscher an jeder Maschine stehen müssen. Da wir diese oft brauchten und benutzten, kamen die Arbeitsschutzleute mit dem Austauschen oder Nachfüllen gar nicht nach. Wahrscheinlich war es auch eine Kostenfrage. Bei uns Strafgefangenen nahm man es mit dem Arbeitsschutz nicht so genau. Bisher war ja auch immer alles gut gegangen.

Bis zu diesem Tag …

Mittlerweile halfen auch viele andere Strafgefangene, die in der Halle arbeiteten, beim Löschen mit. Einige versuchten bereits aus der Halle zu fliehen. Als wir zurückkamen, war an Löschen nicht mehr zu denken. Die Flammen flackerten drei, vier Meter hoch aus dem Öl-Keller. Und sie flammten immer größer und höher. Inzwischen hatte jemand einen richtig großen Feuerlöscher besorgt. Doch auch mit dem Gerät konnten wir nichts mehr ausrichten. Wir hatten keine Chance. Die Hitze war inzwischen so heftig geworden, dass wir nicht einmal mehr in die Nähe der Flammen und des Brandherdes gekommen wären. Mittlerweile schossen die Flammen bis an die 20 Meter hohe Hallendecke. Ich hatte so etwas noch nie gesehen und vor allem noch nie gehört. Die Flammen erzeugten ein mächtiges Rauschen. Inzwischen stand die gesamte Maschine in Flammen, zum Glück aber noch nicht der riesige Druckbehälter. Wenn der in die Luft flöge, dann bliebe von unserer Halle nichts mehr übrig. Da war ich mir sicher.

Dichter, schwerer Öl-Qualm breitete sich aus. Er füllte die gesamte Werkhalle und machte das Atmen zunehmend schwerer. Die Situation spitzte sich lebensgefährlich zu. Ich hatte regelrecht Panik, dass der Druckbehälter hochgehen und es eine Explosion geben würde, die die Halle wegfegt. Ich dachte an die Gasexplosion im Chemiekombinat, von der die Kollegen erzählt hatten, an die leere Fläche, an der wir auf unserem Weg zur Arbeit täglich vorbeikamen und die uns wie ein Mahnmal warnte.

Und gleich nebenan stand die Schloemann-Presse mit einem weiteren riesigen Druckbehälter. Explodierte der vor unserer Maschine, konnte die Druckwelle den Danebenstehenden gleich noch mit hochfliegen lassen. Eine ungeheure Katastrophe drohte. Ich wollte nur noch raus. Raus aus der ölverqualmten Halle mit der lichterloh brennenden Presse, die kurz davor war, uns um die Ohren zu fliegen samt der Halle, in der sie und wir standen. Ich bekam kaum noch Luft, musste heftig husten. Auch sah ich im Rauch kaum noch etwas. Zum Glück hatte ich die Orientierung behalten. Ich rannte los und fand den Hallenausgang. Ich wollte nur noch raus und weg aus diesem Betriebsteil.

Und nicht nur ich. Es gab für uns Strafgefangene allerdings ein »kleines« Hindernis: Der Betriebsteil war streng gesichert und bewacht. Über die Mauern und Zäune konnten wir nicht steigen, weil sie mit Strom gesichert waren. Außerdem hinderte uns das Wachpersonal daran. Einige von ihnen hatten noch gar nicht mitbekommen, was in unserer Halle gerade ablief. Sie dachten, dass wir abhauen wollen und hatten ihre Pistolen gezogen. Sie trieben uns Strafgefangene zusammen und hielten uns mit ihren Waffen in Schach. Vehement hinderten sie uns daran, das Gelände zu verlassen, weil sie dachten, dass wir fliehen wollen.

Um mich hätten sie sich keine Sorgen machen müssen. Ich wäre zu Fuß ins Lager zurückgelaufen. Ich war auf dem Sprung in Richtung Westen. Aber ich wollte auch möglichst weit und schnell weg von dem Brand und der Halle sein.

Mein Schutzengel in Höchstform

Endlich traf die Betriebsfeuerwehr mit mehreren Löschfahrzeugen und schwerem Gerät ein. Die Männer trugen Atemmasken als sie sich in die Halle durch den dichten Rauch zum Brandherd vorkämpften. Seit Ausbruch des Brandes an unserer Presse waren vielleicht zehn Minuten vergangen. Vielleicht weniger. Vielleicht auch mehr. In solchen Momenten geht das Zeitgefühl verloren. Jede Sekunde konnte der Druckbehälter explodieren und die Halle und uns alle wegfegen. Ich hatte Angst um mein Leben. Und es ging nicht nur mir so. Peter stand ganz in der Nähe. Auch ihn hatte Panik ergriffen. Das sah ich ihm an, und er gab es auch zu, als wir uns später über diese dramatischen Ereignisse unterhielten.

Nach einer halben Stunde kamen die Feuerwehrleute wieder aus der Halle heraus. Als sie die Atemschutzmasken abnahmen, sahen wir deutlich, wie abgekämpft sie waren. Einen solchen Einsatz hatten sie mit Sicherheit auch nicht alle Tage. Die Explosion des Druckbehälters war ausgeblieben. Mir fiel ein Stein vom Herzen. Ich kam mir vor, als sei ich dem Tod von der Schippe gesprungen. Mittlerweile wäre der Zusatz »mal wieder« zutreffend gewesen, denn meine Aktion am Brandenburger Tor, die eisige Arbeit auf dem Schwellenplatz und die tagtägliche Unfallgefahr hätten auch andere Folgen für mich haben können. Von schwerwiegenden Schäden war ich verschont geblieben. Mein Schutzengel muss in Höchstform gewesen sein.

Nach der Beinahe-Katastrophe wurde unser gesamtes Arbeitskommando zurück ins Lager gebracht. Uns allen steckte der Schreck in den Knochen. Die meisten schwiegen während der Rückfahrt. Einige redeten ununterbrochen. Jeder verarbeitet so ein Schockerlebnis halt anders, dachte ich. Peter und ich saßen nebeneinander. Wir wechselten nur wenige Worte.

Zurück im Lager, wollten die anderen aus unserem Verwahrhaus natürlich wissen, was passiert war. Der Vorfall hatte sich bereits bis zu ihnen herumgesprochen, denn ihnen war angekündigt worden, dass sie heute nicht zur Arbeit ins Werk fahren würden, weder zur Spät- noch zur Nachtschicht.

Wir von der Tagschicht duschten nach unserer Rückkehr erst einmal und bekamen Mittagessen. Normalerweise hätten wir im Werk geduscht und gegessen, aber das ging an diesem Tag aus naheliegenden Gründen nicht.

Der Schock am Tag danach

Schon am Tag nach dem Brand mussten wir wieder ins Werk. Wir waren gespannt, was uns dort erwartete. Alles lief ab wie immer. Die Routine bei der Fahrt ins Werk, die Ankunft. Als sei nichts geschehen. Doch als wir die Halle betraten, sahen wir, welche verheerenden Zerstörungen das Feuer, der Rauch und die Löscharbeiten angerichtet hatten. Ich konnte mir nicht vorstellen, wie dort in absehbarer Zeit oder überhaupt jemals wieder etwas produziert werden könnte. Mir war das allerdings auch egal, denn für mich war der Tag nach der Katastrophe der Tag vor der Ausreise meiner Eltern und meines Bruders. Demnach würde auch ich heute oder morgen das Lager verlassen. Nichts konnte mich in meiner Euphorie erschüttern, auch oder erst recht, weil ich den gestrigen Tag überlebt hatte. Das Grauen stand mir allerdings immer noch vor Augen.

Ich wunderte mich, dass ich am Morgen ganz normal mit meinem Arbeitskommando ins Werk fahren musste, aber diese »Panne« schob ich auf das organisatorische Chaos nach dem Brand.

Im Werk wurden uns unsere neuen Aufgaben erklärt. Zunächst musste die Halle aufgeräumt werden. Das Chaos war unbeschreiblich. An der Presse lagen überall geschmolzene Aluminiumprofile, die wir schon fertig gepresst hatten. Daneben sah ich Blöcke aus Alulegierungen, ebenfalls teilweise geschmolzen. Unsere Halle und die der Gießerei waren völlig verrußt und verdreckt, auch die Fenster. Es kam kaum Licht hindurch. Alles war schwarz und roch nach verbranntem Öl und Chemikalien. An der Hallendecke gab es eine Vorrichtung. Dort hing ein Kran an Metallschienen. Entlang der Schienen lief bis gestern der Kranschlitten. Er transportierte tonnenschwere Teile dorthin, wo sie in der Halle gebraucht wurden. Der Kran war nun völlig verbrannt und unbrauchbar. Die Kabine des Kranfahrers war komplett zerstört, die Armaturen geschmolzen, die Fensterscheiben durch die große Hitze geborsten. Es würde bestimmt Monate dauern, bis das alles wieder wie vorher funktionierte. Mit Sicherheit würde es Millionen kosten, schätzte ich.

Unser Arbeitskommando wurde in völlig neue Gruppen aufgeteilt, weil wir komplett neue Aufgaben bekamen. Von einer Produktion konnte nicht mehr die Rede sein. Aufräumen und Reparieren lautete die Devise. Peter und ich blieben gemeinsam in einer Gruppe.

Ich hatte gerade meine Arbeit aufgenommen, da teilte mir ein Zivilmeister mit, ich solle mich beim Wachpersonal melden. »Aha«, dachte ich, »endlich geht es los«. Bevor ich ging, informierte ich noch kurz Peter, dass es nun offenbar in Richtung Entlassung losgehe.

Das Wachpersonal saß in einem Raum, der etwas höher gelegen war. Nach einer Seite hatte er große Fenster, durch die die Wache die ganze Halle übersehen konnte. Als ich den Raum betrat, empfingen mich zwei Männer in Zivil. Sie trugen keine Uniform, wie ich es vom Wachpersonal erwartet hätte. Sie stellten sich nicht vor. Einer von ihnen sprach mich ohne Umschweife auf den »Vorfall von gestern« an. Ich wunderte mich über seine Wortwahl, denn die Brandkatastrophe gestern einen »Vorfall« zu nennen, schien mir ziemlich untertrieben. Außerdem fragte ich mich, warum er ausgerechnet darüber redete, denn ging es nicht um meine Entlassung? Zumindest hatte ich das erwartet. Diese schien die beiden Herren jedoch nicht zu interessieren. Sie blieben beharrlich beim Thema »Vorfall«. Ganz genau wollten sie wissen, wie das alles abgelaufen war und fragten mich nach allen möglichen Details aus. Ich schilderte den Ablauf der Katastrophe, wie ich sie aus meiner Sicht erlebt hatte. Angefangen von der heißen Pressplatte, die das Öl in Brand gesetzt hatte, über die nicht ausreichend gefüllten oder fehlenden Feuerlöscher, bis zu dem Zeitpunkt, als die Flammen außer Kontrolle geraten waren. Immer wieder stellten sie Zwischenfragen, etwa wo ich zu einem bestimmten Zeitpunkt stand, was ich getan hatte, um das Feuer zu verhindern. Ich antwortete so gut ich konnte. Die Fragen stellte immer nur einer. Der andere machte sich Notizen. Ich hatte keine Ahnung, was die wollten. Aber ich ging nun davon aus, dass sie offenbar den Ablauf der Ereignisse untersuchten und auch die anderen, die mit mir an der Maschine gearbeitet hatten, noch befragen würden. Je länger das Gespräch dauerte, desto mehr hatte ich den Eindruck, verhört zu werden. Ich stand imaginär neben mir. Ich sah mich auf einem Stuhl mitten in einem Raum sitzen, mir gegenüber zwei Typen an einem Tisch, die mich mit Fragen löcherten, deren Sinn sich mir nicht erschloss. Nach einer halben Stunde ließen sie die Katze aus dem Sack. Der mit den Fragen erklärte aus heiterem Himmel süffisant: »Tja, Herr Marzek (sic!), Ihre Eltern und ihr Bruder reisen morgen in die BRD aus. Sie wollten wohl zum Abschied noch ein Feuerwerk veranstalten?«

Plötzlich bin ich Saboteur

Mir fiel alles aus dem Gesicht. Ich konnte nicht glauben, was ich da gerade gehört hatte. Diese Typen wollten mir offenbar die Brandkatastrophe von gestern anhängen, weil die an der Maschine, an der ich Dienst hatte, losgegangen war. Sie meinten, ich hätte mich der »Zerstörung sozialistischen Eigentums«, also »Sabotage« schuldig gemacht. So etwas wird mit fünf bis zehn Jahren Haft bestraft, dachte ich.

Die beiden waren ganz bestimmt von der Staatssicherheit. Das wurde mir in diesem Moment schlagartig klar. Ich war in deren Augen nun offenbar nicht mehr nur ein verurteilter Republikflüchtling, sondern auch ein Saboteur. Plötzlich hatte ich das Gefühl, mir würde der Boden unter den Füßen weggezogen. In meinem Kopf hämmerte es. Mir war vor Aufregung ganz schlecht. Nur die Ruhe, dachte ich, gleich wache ich wieder auf. Aber ich wachte nicht auf. Ich war in diesem Moment der einzige Mensch, der für einen Albtraum nicht erst einschlafen musste. Eben noch stand ich schon fast mit einem Bein im Westen und nun plötzlich steckte ich bis zum Hals im Schlamassel, aber im Osten. Ich hatte keine Ahnung, wie die auf die Idee gekommen waren, dass ich mit dem verheerenden Brand etwas zu tun haben könnte, außer dass der Brand zufällig genau an der Presse ausgebrochen war, an der ich arbeitete. Ich hatte meinen Arsch riskiert, um das Ausbreiten des Feuers zu verhindern. Sogar Verbrennungen hatte ich mir dabei zugezogen, denn ich war zu nahe an die Flammen gekommen. Die Bilder, wie die Flammen aus dem Öl-Keller hervorgeschossen kamen, standen mir noch drastisch vor Augen. Es war ja gerade einmal einen Tag her. Diese Eindrücke waren sehr präsent. Das alles war noch ganz frisch in meinem Kopf. Das konnte ich nicht vergessen. Trotzdem wollten sie mir daraus offenbar einen Strick drehen. Und wenn die Stasi das wollte, dann fand sie »Beweise«, selbst wenn sie diese erfinden musste. Vielleicht war es auch die Retourkutsche für meine Arbeitsverweigerung in der U-Haft oder den Ausreiseantrag für meinen Zellengenossen in Görlitz? Keine Ahnung. Ich dachte fieberhaft nach. Angesichts des riesigen Schadens, der in der Halle und an den Maschinen entstanden war, konnte das für mich enorme persönliche Konsequenzen haben. Wenn die Stasi tatsächlich mich für diese Katastrophe und den entstandenen Millionenschaden verantwortlich machen sollte, würde mir ein neuer Prozess drohen. Das Strafmaß wäre sicher höher, die Bedingungen noch härter. In dieser Situation konnte ich das alles nicht einschätzen. War es nur Bluff oder meinten sie es ernst? Doch die Herren schienen fest entschlossen. Eine vorzeitige Entlassung oder gar die Ausreise in den Westen könnte ich damit vergessen. Natürlich versuchte ich, ihnen nochmal meine Sicht der Dinge darzulegen und versicherte, dass ich nichts mit dem Ausbruch des Feuers zu hatte. Meine Zunge klebte am Gaumen, meine Stimme war zittrig, dauernd musste ich husten. Sie fielen mir immer wieder ins Wort, hörten mir gar nicht zu. So, als wären sie mit einer vorab gefertigten Meinung zu diesem Verhör gekommen. Offenbar war ich als Sündenbock auserkoren worden.

Bevor sie gingen, erklärten sie mir, dass nun alles geprüft werde und sie meine Angaben mit denen anderer Zeugen vergleichen werden. Man werde einen technischen Bericht zur Ursache und zum Ablauf des Brandes erstellen. Danach würde entschieden, was mit mir geschehe. Dann verschwanden die Herren grußlos. Mich ließen sie mit einer Fassungslosigkeit und Verzweiflung stehen, wie ich sie noch nie erlebt hatte.

Was beide mir gerade präsentiert hatten, war eine himmelschreiende Ungerechtigkeit. Aber selbst zum Schreien war ich zu kraftlos und resigniert. Eine solche Untersuchung konnte Wochen oder auch Monate dauern. Irgendwo im Hintergrund untersuchten irgendwelche Gestalten Umstände, die mich persönlich betrafen. Sie urteilten über mich, ohne dass ich eine Möglichkeit bekam, meine Sicht darzustellen. Meine Entlassung oder die Ausreise in den Westen waren mit einem Schlag in weite Ferne gerückt. Egal, ob ich unschuldig war oder nach Stasi-Ansicht schuldig zu sein hatte. Eben noch war alles so nahe, doch nun waren meine Entlassung und der Westen aus heiterem Himmel wieder in unerreichbare Ferne gerückt.

Nach dem Gespräch ging ich wie betäubt zu Peter und erzählte ihm, was ich gerade erlebt hatte. Auch er war fassungslos. Er hatte den Brand miterlebt und kannte die Wahrheit.

Doch ihn fragte keiner. Natürlich versuchte er, mich zu beruhigen, aufzumuntern und zu trösten. Aber ich war in dieser Situation einfach nur untröstlich und vor allem – völlig verzweifelt.

Danach nahm ich kaum noch etwas um mich herum wahr. Meine Unbeschwertheit und Zuversicht, mit der ich seit Mitte April dem Lageralltag getrotzt hatte, waren dahin. Alles schien wieder grau und trist, die Farben waren aus meinem Leben verschwunden.

Eben noch Entlassungskandidat in Richtung Westen, drohte mir nun urplötzlich die Aussicht, ein »Langstrafer« zu werden und noch mehrere Jahre im Knast ausharren zu müssen.

Doch wofür?

Für nichts! Ich war ja unschuldig!

Wie ich den restlichen Tag im Werk und im Lager überstanden habe, daran kann ich mich nicht mehr erinnern. Ich stand unter Schock. Ich war am Boden zerstört, innerlich taub, wie erschossen.

Frust, Angst und eine Nacht in der Stehzelle

Am nächsten Tag siedelten meine Eltern und mein Bruder in die Bundesrepublik über. Ich dachte den ganzen Tag an nichts anderes. Nichts wäre mir lieber gewesen, als bei ihnen zu sein. Sie hatten keine Ahnung, wie es mir an diesem Tag erging. Sie wussten erst recht nichts von dem Brand und den möglichen Konsequenzen für mich.

Im Gegenteil. Sie erwarteten, dass wir uns bald schon im Notaufnahmelager Gießen treffen würden, ihre erste Anlaufstelle im Westen. Das hatten sie mir bei ihrem letzten Besuch vor nicht mal einer Woche mitgeteilt. Unser letztes Treffen schien mir nun eine Ewigkeit her.

Jetzt waren wir komplett voneinander abgeschnitten, denn als Strafgefangener in der DDR durfte ich keine Kontakte in den Westen haben. Wenn sich meine Zeit als Strafgefangener nun deutlich länger hinziehen sollte, könnten meine Eltern auch in Zukunft keinen Kontakt zu mir halten. Mit dem heutigen Tag war ich völlig isoliert. In meinem Arbeitskommando hatte sich schnell herumgesprochen, dass die Stasi mir den Brand anhängen will. Die meisten meinten, dass sie das nicht machen könne. Das wollte ich gerne glauben, fragte mich aber: »Und wenn doch?«

Nicht nur in meiner unmittelbaren Umgebung machte meine Geschichte die Runde. Auch Strafgefangene aus dem anderen Verwahrhaus sprachen mich darauf an. Ich war zu einer tragischen Figur geworden. Das brachte mir zwar die Achtung vieler Mitgefangenen ein, änderte aber leider nichts an meiner verzweifelten Situation. Es änderte sich auch nichts an meiner täglichen Routine. Ich fuhr jeden Tag zu meiner Schicht ins Werk. Dort arbeitete ich weiterhin wie alle anderen an der Beseitigung des Chaos und an der Reparatur der Schäden, für die ich nicht verantwortlich war.

Dennoch war etwas anders: Jeden Tag hing nun ein Damoklesschwert über mir. Ich befürchtete, dass Stasi-Mitarbeiter kämen, um mir zu erklären, die Ermittlungen hätten bewiesen, dass die Katastrophe meine Schuld war. Ich konnte kaum noch an etwas anderes denken. Jedes Mal, wenn mich ein Zivilmeister etwas fragte oder jemand vom Wachpersonal mich ansprach, schreckte ich zusammen und dachte, nun ist es soweit. Von jetzt auf gleich war meine Ausreise von der Bildfläche verschwunden. Ich hatte nun andere Probleme, vor allem die Sorge, möglicherweise noch viele Jahre im harten DDR-Knast vor mir zu haben, ohne zu wissen, wofür.

Einige Tage später, während einer Nachtschicht, war mein Frust besonders groß. Ich trauerte darüber, wie nahe ich meinem Ziel schon gekommen war und dass es sich plötzlich in Nichts aufgelöst hatte. Man machte mich für etwas verantwortlich, wofür ich nichts konnte. Ich hatte aber auch keine Möglichkeit, mich dagegen zu wehren. Meine Lage schien mir verzweifelt und aussichtslos. Ich hatte schlicht die Nase voll, es stand mir bis obenhin. In diesem Gefühlsstau kam ein Zivilmeister vorbei und fragte mich etwas. Ich verstand zunächst akustisch nicht, was er wollte. Er wiederholte seine Frage und machte noch eine Bemerkung dazu, die ich völlig in den falschen Hals bekam. Ich weiß nicht mehr, worum es ging. Aber ich ließ ihm gegenüber meine ganze angestaute Wut auf »Gott und die Welt« und meine derzeitige Stimmung heraus. Ich schimpfte auf das Lager, die Arbeit, dieses Scheißsystem und so weiter. Es brach einfach aus mir heraus. Bisher war ich ausgerechnet mit diesem Meister gut ausgekommen. Er erwischte mich einfach im falschen Moment und bekam meinen Frust und die Wut, die sich angestaut hatten, mit voller Wucht ab. Sicher hätte er mich nicht verpfiffen, aber dummerweise hatte einer der überall herumlungernden Wachleute meinen Wutausbruch mitbekommen. Der ließ mich strammstehen. Nach einem Wortschwall über Verhaltensregeln von Strafgefangenen gegenüber Zivilpersonal brachte er mich in eine sogenannte »Stehzelle«. Ich sei aggressiv gegen Zivilpersonal gewesen. Das war mein Vergehen. Die »Stehzelle« war wie ein Spind, etwas höher, aber deutlich weniger als einen Quadratmeter in der Grundfläche. Sitzen oder gar Liegen war darin unmöglich, nur Stehen. Deshalb der Name. Der Wachmann schloss die Tür. Drinnen war es dunkel. Nur durch die Türritzen drang etwas Licht nach innen. Mein Wutausbruch hatte kurz vor Mitternacht stattgefunden. Noch vor dem Essen. Das fiel für mich nun aus. Aber das war mein kleinstes Problem. Bis zum Schichtende waren es noch über vier Stunden. Eingesperrt in dieser klaustrophobischen Enge. Zum Glück kannte ich keine Platzangst. Ich hing meinen Gedanken nach: Ich wollte frei sein. Die Welt entdecken. Grenzenlos. Stattdessen stand ich nun in einer Zelle, die enger und begrenzter nicht hätte sein können. Grotesker hätte der Gegensatz zu meinem Ideal nicht sein können. Ich – allein mit meinen Gedanken. In der Dunkelheit. In einer Stehzelle der Stasi. Eigentlich hätte ich darüber lachen müssen, wenn diese Situation nicht so trostlos gewesen wäre. So dachte ich vor mich hin, um vier Stunden zu überbrücken, bis ich wieder aus dieser Enge herauskommen würde. Unterdessen wurden die Schmerzen in meinen Beinen und meinem Rücken vom erzwungenen Stehen immer heftiger. Das ließ die Zeit lang werden. Die Schmerzen waren kaum noch zu ertragen. Auch mental war ich unendlich müde und erschöpft. Es reichte.

Das perverse Spiel der Stasi

Über zwei Wochen waren seit dem »Besuch« der beiden Stasi-Herren und deren Vorwürfen gegen mich vergangen. Nichts hatte sich seither getan. Ich fuhr weiterhin Tag für Tag mit meinem Arbeitskommando ins Werk. Dort kümmerten wir uns um die anstehenden Reparatur- und Aufräumarbeiten. An eine Wiederaufnahme der Produktion war noch lange nicht zu denken. Inzwischen hatte ich mich unter meinen Kollegen umgehört, ob sie ebenfalls zur Brandkatastrophe befragt worden waren. Alle verneinten, selbst die, die in unmittelbarer Nähe eingesetzt waren. Auch keiner der beiden anderen, die mit mir an der Maschine gearbeitet hatten, waren davon betroffen.

»Gut, hätte ja sein können, dass sie von der Stasi zum Stillschweigen verdonnert wurden. Aber selbst dann wäre von dem einen oder anderen sicher ein versteckter Hinweis gekommen«, dachte ich. Auf jeden Fall hätte ich mich auf Peter verlassen können. Er hätte mir gesagt, wenn die Stasi ihn über das Feuer und mich ausgefragt hätte. Doch er versicherte mir, nichts gehört zu haben und nicht befragt worden zu sein. Außerdem war es seltsam, dass ich nach der Unterredung nicht sofort von den anderen Strafgefangenen isoliert worden war. Ich hätte inzwischen Absprachen mit Mithäftlingen treffen können. Schließlich war ich in den Augen der Stasi ein Hauptverdächtiger. Stattdessen ließen die mich weitermachen wie bisher. Das passte alles irgendwie nicht zusammen. Ich konnte mir keinen Reim darauf machen. Was passierte da hinter den Kulissen? Meine Erklärung war zunächst, dass die Stasi-Untersuchungen ergeben hatten, dass ich mit der Brandursache nichts zu tun haben konnte.

Aber welche Untersuchungen? Befragt worden war ja außer mir offenbar niemand. Trotzdem konnte ich nicht sicher sein, dass diese Leute nicht doch eine Gemeinheit gegen mich arrangierten. Ich war auf alles gefasst. Man musste mit allem rechnen, denn Beweise brauchten die keine. Motive hatten sie genug.

Bleierne Routine und drei Optionen

Der Mai ging seinem Ende entgegen. Mein Leben im Lager und im Werk verlief weiterhin in bleierner Routine. Manchmal hatte ich das Gefühl, dass sich das bis zu meinem Lebensende nie mehr ändern würde.

Meine Eltern und mein Bruder waren in Westdeutschland, unendlich weit entfernt von mir und unerreichbar. Nicht einmal mehr auf einen »Sprecher« konnte ich mich noch freuen.

Ich war völlig auf mich allein gestellt. Meine Welt endete an den Lagermauern, den Elektrozäunen, dem Stacheldraht und den Wachtürmen, die das Lager umgaben. Ich verlor zunehmend die Vorstellung und das Gefühl dafür, wie es war, nicht eingesperrt zu sein. Noch drei Wochen zuvor war ich fest davon ausgegangen, diesen Tag nicht mehr im Bitterfelder Arbeitslager, sondern in Freiheit und im Westen zu verbringen. Das schien Lichtjahre her zu sein. Ich befand mich in einer Situation, in der ich abzuwarten hatte, was denen noch alles einfiel, um mich zu demütigen und vorzuführen. Das musste sich wieder ändern. Das musste ich wieder ändern!

Aus meiner Sicht als damals gerade 18-jähriger politischer Häftling blieben mir drei Optionen:

Nummer eins: Ich werde nach einem Jahr und zwei Monaten regulär am 13. November 1979 entlassen und zwar in die DDR. Das hieß: Alles wieder auf Anfang.

Nummer zwei: Ich bekomme wegen angeblicher Sabotage und Zerstörung sozialistischen Eigentums noch einmal fünf bis zehn Jahre. Das hing nicht von mir ab.

Nummer drei: Ich komme frei und zwar in den Westen. Dafür musste ich etwas tun. Letzteres schien mir am attraktivsten.

Dafür musste ich handeln. Musste wieder aktiv werden. Ich war fest entschlossen, das umzusetzen. Mir blieb ohnehin keine Wahl.

Sand statt Öl im Räderwerk des Lagers

Bis dahin hatte ich für das System wie geschmiert funktioniert. Ich war jeden Tag mit meinem Arbeitskommando ins Werk gefahren. Hatte dort meine Arbeitsnorm erfüllt und bekam praktisch keinen Lohn. Ich war eine billige und aus deren Sicht willige Arbeitskraft. Warum sollten die mich Richtung Westen ziehen lassen? Und wenn sie es doch vorhatten, warum ausgerechnet vor meinem regulären Entlassungstermin Mitte November?

Ich wollte meine Zeit nicht komplett absitzen, wollte aber in meiner aktuellen Situation klarmachen, dass ich weiterhin in den Westen will und sich an meiner Einstellung zum Staat DDR nichts, aber auch gar nichts geändert hatte. Um das nach außen hin klar zu demonstrieren, musste ich zu Sand im Räderwerk des Lagers werden. Ich musste diesen Leuten so lästig sein, dass sie mich schnellstmöglich loswerden wollten. Und wenn sie für mich noch Geld vom Westen bekämen, ums so besser. So dachten die. Das war meine Hoffnung.

Ich ging weiterhin von der Annahme aus, dass die DDR manche Strafgefangene vorzeitig entlässt, nach dreiviertel ihrer Strafe. Bei mir wäre das Ende Juni gewesen. Bis dahin gab ich mir noch Zeit. Sollte ich bis dahin immer noch in Bitterfeld sein und sich keine Änderung meiner Lage abzeichnen, wollte ich auf Konfrontation gehen. Für mich hieß das, ich würde spätestens ab Juli die Arbeit verweigern und außerdem in Hungerstreik treten. Mir war das Risiko meines Plans natürlich bewusst. Die Arbeitsverweigerung durchzuziehen, das traute ich mir durchaus zu. Aber ich war mir nicht sicher, ob ich einen Hungerstreik wirklich bis zuletzt durchzuhalten in der Lage sein würde. Auch Peter war skeptisch, als ich ihm von meinen Plänen erzählte. Er riet mir zu mehr Geduld. Das Risiko zu scheitern, sei zu hoch, war seine Meinung.

Ich überlegte einige Tage hin und her, wog das Für und Wider gegeneinander ab. Diese Gedanken beherrschten mich fortwährend – bei der Fahrt zum Werk, bei der Arbeit dort und im Lager. Es waren meine letzten Gedanken vor dem Einschlafen und die ersten nach dem Aufwachen. Wie vor meiner Aktion am Brandenburger Tor quälte ich mich wieder mit einer einsamen Entscheidung herum, die ich zu treffen und deren Konsequenzen ich auch allein zu tragen hatte. Mir kamen Zweifel, ich war mir nicht sicher, ob ich die möglichen Konsequenzen in vollem Umfang wirklich abschätzen konnte. Ich war erst 18!

Ende Mai beantragte ich schließlich einen Termin bei der Lagerleitung, um sie über meine Pläne zu informieren. Ich setzte alles auf eine Karte.

Den Termin bekam ich für den letzten Tag im Mai oder am 1. Juni. Ich war überrascht, wie schnell das ging, denn normalerweise mussten wir Strafgefangene deutlich länger auf eine solche »Audienz« warten. Natürlich war ich im Vorfeld des Gesprächs nervös und unruhig. Zweifel plagten mich, ob ich das Richtige tat oder ob ich mir damit alle Chancen auf vorzeitige Entlassung verbaute. Die Sache mit der Brandkatastrophe im Werk schien auch noch nicht ausgestanden. Was, wenn ich sie mit meiner Ankündigung nun so richtig reizte und sie an mir ein Exempel statuierten? Leider gab es für solche Situation kein Patentrezept. Ich hielt es für richtig und notwendig, also tat ich es.

Das Gespräch fand außerhalb des bewachten Straflagers statt, in demselben Gebäude, in dem normalerweise die »Sprecher« abliefen. Ich musste mich am Haupttor bei der Wache melden. Einer der Wachleute brachte mich in das Gebäude und führte mich zu dem Raum, wo das Gespräch erfolgen sollte. Als ich das Zimmer betrat, warteten dort schon mehrere Personen. In der Mitte hinter einem Schreibtisch saß der Lagerleiter. Er trug an seiner Uniform goldene Schulterstücke, war also im Generalsrang. Beidseitig flankiert war er von zwei Uniformierten mit Silbergeflecht auf den Schultern. Der Raum war offenbar das Büro des Lagerleiters. Ich kannte die Umgebung noch von meiner Ankunft in Bitterfeld. Gardinen hingen an den Fenstern, an den Wänden Holzregale und Schränke, Aktenschränke, wie ich vermutete. An der Wand das obligatorische Foto von SED-Partei- und Staatschef Erich Honecker, auf dem Schreibtisch eine kleine Lenin-Büste.

Die drei vor mir saßen. Ich musste stehen bleiben, etwa zwei Meter vor ihnen. Mein Käppi hatte ich abgenommen und hielt es in der Hand. Ich bat um Sprecherlaubnis: »Strafgefangener 1545 bittet um ein Gespräch«. So oder ähnlich war meine Sprechformel. So nervös und unsicher ich vor dem Gespräch auch war, in diesem Moment war ich total ruhig. Es war wie am Brandenburger Tor, nachdem ich unter der Schranke durchgeschlüpft und auf den Soldaten zugelaufen war. Es gab kein Zurück mehr. Die Entscheidung war gefallen. Plötzlich war ich die Ruhe selbst. Genau wie jetzt.

Der Lagerleiter hatte einen dicken Ordner vor sich aufgeschlagen, wahrscheinlich meine Strafgefangenenakte. Er fragte mich, was ich denn auf dem Herzen hätte. Ich hatte mir vorgenommen fest und entschlossen aufzutreten. Als ich sprach, schaute ich dem Lagerchef direkt in die Augen. Während des ganzen »Gesprächs« kommunizierten nur er und ich miteinander. Die beiden an seiner Seite saßen stumm dabei.

Ich erklärte ihm, dass ich vorhätte, die Arbeit zu verweigern und in den Hungerstreik zu treten, falls ich Anfang Juli nicht entlassen sei. Sollte er meine Ankündigung als anmaßend oder unverschämt empfunden haben, und ich bin sicher, dass er das tat, ließ er sich in diesem Moment nichts anmerken.

»Was bezwecken Sie damit?«, fragte er.

»Ich möchte damit nochmal bekräftigen, dass ich in den Westen zu meinen Eltern möchte und ich die DDR mit ihrem sozialistischen System ablehne«, sagte ich in aller Deutlichkeit.

»Außerdem möchte ich nicht für ein Land arbeiten, das mich dafür einsperrt, dass ich in Freiheit leben will«, fuhr ich fort.

Das alles erklärte ich in einem betont ruhigen und sachlichen Ton. Damit wollte ich denen klarmachen, da steht einer, der das nicht »aus dem hohlen Bauch heraus« tut, sondern der sich das gründlich überlegt hat. Das Sachliche war allerdings nur äußerliche Fassade, denn in mir drin sah es ganz anders aus. Mein Gegenüber reagierte kurz angebunden. Er erklärte, dass der Bitterfelder Lagerleitung nicht zu drohen sei.

»Das sind keine Drohungen«, erwiderte ich. »Ich wollte Sie und die Lagerleitung lediglich über meine Absichten informieren«, fügte ich hinzu.

Damit war das Gespräch nach einigen Minuten beendet. Der Gold-Betresste schickte mich zurück ins Lager. Begleitet von dem Wachmann, der mich schon hergebracht hatte, dachte ich: »So, Junge, jetzt sind die Fronten geklärt!« Nun gab es kein Zurück mehr.

Entweder ging meine Rechnung auf oder ich hatte mich total verrechnet. Auf jeden Fall würde ich nun kein Öl mehr sein, sondern Sand im Räderwerk des Bitterfelder Arbeitslagers.

Ruhe nach dem Sturm

An den folgenden Tagen passierte erst einmal gar nichts. Ich rechnete fest damit, dass die Lagerleitung irgendwie reagieren würde, ja, musste.

Natürlich wollte Peter wissen, wie das Gespräch verlaufen war. Ich beschrieb ihm den Ablauf so genau wie möglich. Er hielt meine Entscheidung, die Lagerleitung zu provozieren, nach wie vor für keine gute Idee. Aber damit musste ich nun leben. Meine Entscheidung war gefallen, ich hatte sie in die Tat umgesetzt. Was nun folgen würde, war hoffentlich in meinem Sinne. Trotzdem machte ich mir Sorgen und hatte Zweifel. Auch darüber sprach ich mit Peter. Er hörte geduldig zu und versuchte immer wieder, mir Mut zuzusprechen. Peter war für mich während der Zeit in Bitterfeld nicht nur eine Art Schutzengel, sondern eine große seelische Stütze und Hilfe. Er war für mich damals einfach zur richtigen Zeit am richtigen Ort. Auch, wenn der Ort denkbar ungünstig war.

Im Werk gingen die Reparatur- und Aufräumarbeiten weiter, und ich war weiterhin dabei als sei nichts gewesen. Ich fragte mich, ob ich noch erleben würde, dass die Produktion wieder anlief.

Es war Anfang Juni. Der Sommer hielt Einzug, auch im Lager. Wenn wir morgens zum Werk hinausfuhren, war es schon hell, wenn wir von der Spätschicht zurückkamen, war

es noch hell und bei der Rückkehr von der Nachtschicht däm-
merte es bereits. Die Temperaturen waren mild und angenehm. Im ansonsten grauen Lager blühte es an einigen Ecken.

Von Bitterfeld nach Irgendwo im Nirgendwo

Am Morgen des 7. Juni wartete ich wie üblich darauf, mit
meinem Arbeitskommando ins Werk gebracht zu werden.
Wir hatten Frühschicht. Die Sonne schien. Es war ein angenehm warmer Frühsommertag. Am Abend davor hatte ich
noch den Fernsehfilm »Feuer unter Deck« gesehen. Der in
der DDR überaus populäre Schauspieler und Sänger Manfred
Krug spielte darin die Hauptrolle. Es war sein letzter Film
in der DDR, bevor er im Juni 1977 in den Westen ausreis-
te. Er hatte sich für den ausgebürgten Liedermacher Wolf
Biermann eingesetzt, war mit Berufsverbot belegt worden
und sah in der Ausreise seine einzige Chance. An diesem
6. Juni lief also Krugs letzter DDR-Film zum ersten Mal im
DDR-Fernsehen. Der Fernsehraum unseres Verwahrhauses
war völlig überfüllt, weil es damals einer kleinen Sensation
gleichkam, dass ein Film mit einem in den Westen ausgereis-
ten DDR-Schauspieler im Fernsehen lief.

Am Morgen nach diesem Filmabend wartete ich vor
unscreim Verwahrhaus. Plötzlich kam der Chef meines
Arbeitskommandos auf mich zu und meinte, dass ich heute
nicht mit rausführe, sondern im Lager bliebe. Nicht nur ich
schaute verwundert, auch meine Mitgefangenen, darunter
Peter. Ich durfte mit keinem mehr sprechen und wurde sofort
von den anderen getrennt.

Kam jetzt die Abrechnung der Stasi für die mir unter-
geschobene Brandkatastrophe oder die Rache für meinen
Auftritt bei der Lagerleitung eine Woche zuvor? Kam ich
jetzt wegen des Brandes in ein anderes Gefängnis oder vielleicht doch nach Karl-Marx-Stadt mit der Chance auf Freikauf? In meiner Fantasie konnte es nur bedeuten, dass es

Richtung Karl-Marx-Stadt geht. Oder steckte etwas ganz anders dahinter? Ich schwankte wieder zwischen Hoffnung und Angst, ein emotionaler Wirbelsturm. Wie oft hatte ich diesen Moment herbeigesehnt, mir vorgestellt, wie es sein würde, wenn ich von Bitterfeld abgeholt und verlegt werde. Nun war diese Situation gekommen, aber es war doch so ganz anders als in meiner Gedankenwelt ausgemalt. Denn nach den Verdächtigungen und Drohungen der Stasi gegen mich konnte mein Transport auch ganz woanders hingehen. Kein Triumph, keine Freude bei mir, nur Zweifel und Verunsicherung. Die Stasi hatte mir diesen Moment schon Anfang Mai gestohlen.

Als meine Mitgefangenen zur Arbeitsschicht unterwegs waren, wurde ich unter Aufsicht eines Wachmannes in das Verwahrhaus I, in die Gemeinschaftszelle geführt, in der ich untergebracht war. Ich sollte meine wenigen persönlichen Sachen aus meinem Spind zusammenpacken: Zahnbürste, Zahncreme, Handtücher, Alu-Besteck und persönliches Geschirr. Das alles übergab ich dem Wachmann. Ich durfte nichts mitnehmen. Die Spinde von uns Strafgefangenen hatten keine Türen, sie waren offen und sehr schmal. Peters Spind stand direkt neben meinem. Ich fragte den Wachmann, ob ich die Dimple-Flasche und den dreieckigen Kugelschreiber in Peters Spind legen dürfe. Er besah sie sich, kontrollierte beide Gegenstände genau und gab dann seine Erlaubnis. Ich legte beides in Peters Spind. Das hatte ich ihm versprochen, so war es abgemacht, wenn ich auf Transport gehen sollte. Es war sozusagen mein Abschiedsgruß für ihn.

Danach brachte mich der Lagerwächter zum zentralen Sammelplatz des Lagers, der mit Betonplatten ausgelegt war. Dort wartete ein Kleintransporter, ein B1000 der Marke Barkas, etwa so groß wie ein Ford Transit. Zur Tarnung war außen am Fahrzeug eine Werbung angebracht: »Frischer Fisch auf jeden Tisch«. Es sollte wie ein Lieferwagen aussehen, nicht wie Gefangenen-Transporter. Mit mir gingen drei weitere Strafgefangene auf Transport. Ich kannte sie nicht, weil wir in verschiedenen Kommandos gearbeitet hatten und in unterschiedlichen Teilen des Lagers untergebracht waren.

Im Fahrzeug gab es vier kleine, fensterlose Zellen mit Lüftungsschlitzen. Also genau die richtige Anzahl an »Räumlichkeiten«. Jeder saß für sich in einer Einzelzelle. Keiner hatte eine Ahnung, wohin die Reise gehen sollte und warum wir verlegt werden. Untereinander konnten wir uns während der Fahrt nicht verständigen. Also hing ich meinen Gedanken nach. Ich dachte zurück an die arktische Kälte und die Arbeit unter freiem Himmel im Januar, ich erinnerte mich an den Schock über die Arbeitsbedingungen im Werk, die entsetzlichen Verletzungen, die ich gesehen hatte. Mir fielen die Schmerzen beim Zahnarzt ein, schließlich dachte ich an die Brandkatastrophe und die nackte Angst ums Überleben. Das alles erschien mir unendlich weit entfernt, surreal, wie ein Albtraum.

Und doch hatte ich es er- und überlebt. Das alles gehörte zu meinen furchtbaren Erfahrungen als Strafgefangener im Arbeitslager Bitterfeld. Ich wusste, woher ich kam, hatte aber keine Ahnung, wohin es ging.

Wohin bringen die mich? Diese Frage spukte mir unaufhörlich und immer intensiver im Kopf herum. Die Fahrt dauerte etwa zwei Stunden. Schließlich stiegen wir auf dem Hof eines finsteren, offenbar sehr alten Gefängnisgebäudes aus. Mir fiel sofort auf, dass das Wachpersonal nicht die Uniformen trug, die ich bisher von meiner U-Haftzeit in der Berliner Keibelstraße und der Schießgasse in Dresden kannte, auch nicht aus Bitterfeld. Es waren Uniformen von Stasi-Leuten wie ich sie aus Bischofswerda kannte, wo mein Prozess stattgefunden hatte. Offenbar war ich in einem Gefängnis der Stasi gelandet, irgendwo im Nirgendwo.

Aber wo befand ich mich nun genau?

Der Kaßberg – Das Gefängnis für die Freiheit

Es war der legendäre Kaßberg in Karl-Marx-Stadt! Zu diesem Zeitpunkt hatte ich jedoch noch keine Ahnung davon, dass ich nun im Stasi-Knast von Karl-Marx-Stadt war. Es sollte noch einige Tage dauern, bis ich das sicher wusste. Den Namen »Kaßberg« kannte ich damals auch noch nicht.

In dem Gebäude wurde ich in einen mehrstöckigen Zellentrakt geführt. Ich musste meine Häftlingskleidung von Bitterfeld komplett ausziehen und auf den gekachelten Steinfußboden legen. Danach forderte mich ein Stasi-Wachmann auf, nackt wie ich war, quer durch den Raum zu laufen. Auf der anderen Seite lag neue Gefängniskleidung samt Unterwäsche und Schuhen für mich bereit. Nackt lief ich eine Strecke von 20 oder 30 Metern. Der Fußboden aus Steinkacheln war eiskalt. Dann wurden alle meine Körperöffnungen gründlich untersucht. So wollten sie verhindern, dass ich geheime Botschaften in Form von Zetteln schmuggelte. Ich kannte diese Prozedur bereits zur Genüge, aber ich empfand sie immer wieder als zutiefst demütigend. Nach diesem Aufnahmeritual kam ich in eine Zelle im Erdgeschoss, gemeinsam mit den drei anderen aus Bitterfeld. Es war ein etwa zwölf Quadratmeter großer Raum. Direkt vorn links neben der Zellentür stand eine Toilette mit Wasserspülung, gleich daneben ein Waschbecken mit fließend Wasser, allerdings nur kaltem, darüber ein eingemauerter Spiegel. An den Seitenwänden stand je eine Einzelpritsche aus Holz, an der Kopfseite direkt unter dem Fenster ein Doppelstockbett. Ansonsten gab es nichts, was unsere Aufmerksamkeit ablenken konnte. Es roch wie gewohnt nach einer Mischung aus Toilette, Bohnerwachs und Desinfektionsmittel.

Ich sicherte mir die Holzpritsche links an der Wand. Die anderen drei hatten nichts dagegen. In dieser Zelle blieben wir zusammen bis zum Schluss unseres Aufenthalts im Stasi-Knast von Karl-Marx-Stadt. Nach den Monaten in Bitterfeld kamen mir diese zwölf Quadratmeter recht eng vor. Meinen

Zufahrt zur Untersuchungshaftanstalt der Staatssicherheit von der Kaßberg-Straße.

drei Mitgefangenen ging es nicht anders. Sie kamen ja auch aus Bitterfeld. Wir hatten dort wesentlich mehr Platz gehabt. In unserem neuen »Domizil« konnten wir uns kaum bewegen.

Am Tag unserer Einlieferung bekamen wir noch Mittagessen und später Abendbrot. Dann passierte nichts an diesem Tag. Wir rätselten, wo wir waren und was das Ganze bedeuten könnte. Wir unterhielten uns und nebenbei erfuhren wir voneinander, wer wir waren und warum jeder von uns an diesem Ort saß. Es waren allesamt politische Gründe. Meine drei Zellengenossen waren Mitte zwanzig und Anfang dreißig. Ich war mal wieder der mit Abstand Jüngste in der Runde.

Vor dem Einschlafen dachte ich über meine neue Lage und die möglichen Konsequenzen nach. Wenn der Ort, wo ich mich befand, tatsächlich der Stasi-Knast in Karl-Marx-Stadt war, dann konnte ich meine angekündigte Arbeitsverweigerung vergessen. Auch brauchte ich nicht in Hungerstreik zu treten. Das hieß auch, dass die in Bitterfeld damals schon wussten, dass ich auf Transport gehen werde. Meine Worte dürften bei ihnen nicht die von mir vermutete Empörung, sondern Belustigung ausgelöst haben. Da stand ein Häftling vor ihnen, der etwas ankündigte, was ohnehin nicht mehr stattfinden würde. Zumindest hatte ich ihnen einmal mehr meine Sicht der Dinge demonstriert.

Wenn ich tatsächlich im geheimsten Stasi-Knast der ganzen DDR saß und mein Freikauf unmittelbar bevorstand, dann hieß das auch, dass die Stasi mit ihrer Anschuldigung, ich hätte den Brand verursacht, wahrscheinlich ein grausames Spiel mit mir gespielt hatte.

Kein Wunder, dass ich seitdem nichts mehr von denen gehört hatte. Die hatten nie vor, mir einen Prozess zu machen. Auch die Androhung einer deutlich längeren Haftzeit war nur ein Bluff gewesen. Die wollten mich einfach nur fertigmachen, mich quälen. Vielleicht hatten sie ja auch die perverse Hoffnung, mich auf diese Weise noch weichzuklopfen. Sie wollten mich im wahrsten Sinne des Wortes »zu Tode erschrecken«.

Warten – Aber worauf?

Das erste, was mir am Morgen nach meiner Ankunft im neuen Gefängnis auffiel: Es gab keinen zentralen Weckton, der uns Strafgefangene aus dem Schlaf holte. Das war auch nicht nötig, weil wir ohnehin nur in unseren Zellen sitzen und warten mussten. Mir und meinen Zellengenossen war zu diesem Zeitpunkt noch völlig unklar, worauf wir in unserer beengten Räumlichkeit eigentlich warteten. Hinzu kam der Umstand, dass ich sehr schlecht geschlafen hatte. Das lag in erster Linie an meiner Holzpritsche. Die hatte nur eine dünne Polsterauflage. So lag ich praktisch direkt auf dem harten Holz. Egal, wie ich mich drehte und hinlegte, irgendwann verspürte ich Schmerzen und wachte davon immer wieder auf.

Wir spekulierten weiterhin, wo wir waren. Wir hofften auf den Stasi-Knast in Karl-Marx-Stadt, auf den möglichen Freikauf und auf Ausreise in den Westen. Aber sicher konnten wir uns nicht sein.

In den ersten Tagen passierte nicht allzu viel. Unsere Tage wurden strukturiert durch Frühstück, Mittagessen und Abendbrot. Das Essen war in Ordnung, hin und wieder gab es sogar Vitamine in Form eines Apfels oder ein paar Weintrauben. Man reichte uns das Essen durch eine Luke in die Zelle hinein. Sie war mir aufgefallen, unmittelbar nachdem wir die Zelle zum ersten Mal betreten hatten. Ich hatte mich gefragt, wozu das Ding da war? Nun wusste ich es. Diese Klappe war für das Wachpersonal sehr praktisch, wie mir bald aufging. Denn auf diese Weise mussten unsere Wächter die Tür nicht aufschließen, um das Essen zu bringen. Sie brauchten nicht mit uns zu reden und wir konnten sie nicht sehen. Wenn die Stasi-Leute das Essen brachten, mussten wir immer ganz nah an die Klappe treten, um es in Empfang zu nehmen. Da die Klappe weiter unten angebracht war, konnten wir aus der Zelle heraus nicht die Gesichter dieser Leute sehen. Offensichtlich waren es andere Personen als die Wachleute, die wir bereits kannten. Wir durften sie von uns aus nicht ansprechen. Wenn wir es doch taten, ignorierten sie uns, antworteten nur mürrisch oder einsilbig. Durch die Luke bekamen wir die Stasi-Wachen nur vom Stiefel bis zur Hüfte zu sehen. Wenn die sich umdrehten, sahen wir Ärsche in Uniform. So machten wir in unserer engen Zelle unsere Witze über die da draußen. Das befreite.

Die Klappe hatte aber noch einen anderen Nebeneffekt: Das Öffnen und Schließen der Türklappe war wesentlich leiser als das Öffnen und Schließen des Türschlosses mit dem charakteristischen metallischen Rasseln des Bundes mit den Spezialschlüsseln für die Zellen. Das trug insgesamt zu einer totalen Stille bei, die im gesamten Gebäude herrschte. Sie war mir von Anfang an aufgefallen. Die einzigen Geräusche, die von außerhalb in unsere Zelle drangen, waren Schritte des Wachpersonals auf dem gekachelten Steinfußboden und das Rasseln der Schlüssel, wenn eine Zelle auf- oder wieder verschlossen wurde.

Auch an den Duschtagen war das so. Die Duschen befanden sich im Keller. Wir wurden unter Bewachung dorthin geführt und anschließend wieder zurück in unsere Zelle gebracht. »Wir« – das waren wir vier aus unserer Zelle. Ich sah nie andere Insassen. Nicht beim Duschen, nicht beim Hofgang oder später auf dem Weg zu den Verhören durch die Stasi und zurück. Ich hatte keine Ahnung, wie viele Menschen außer uns vier noch in diesem Trakt gefangen gehalten wurden oder wie viele Trakte das Gefängnis überhaupt hatte. Auch das Wachpersonal, mit dem wir Umgang hatten, bestand aus den immer gleichen Personen.

Freigang in Tigerkäfigen

Jeden zweiten Tag gab es ein paar Minuten sogenannten Freigang. Wie immer, wenn wir unsere Zelle verließen, wurden wir abgeholt und streng bewacht. Zwei Mann eskortierten uns zu diesem Bereich. Sie trugen Pistolen in Halftern am Gürtel und ließen uns nicht eine Sekunde aus den Augen. Wir sollten offenbar nur so viel von unserer Umgebung sehen, wie unbedingt notwendig war.

Ich erwartete ein größeres Areal, in dem wir uns einigermaßen frei bewegen konnten, anders als in unserer engen Zelle. Der Weg von unserer Zelle zu diesem Bereich war nicht sehr lang, vielleicht 40 oder 50 Meter. Dabei durchquerten wir einen Trakt, von dem noch andere Gänge abgingen. Ich bekam eine Ahnung von der Größe des Gefängnisses. Es musste noch viel größer sein, als der Teil, in dem wir uns befanden.

Schließlich stand ich mit den drei anderen vor mehreren schmalen Türen. Eine davon schloss unser Bewacher auf, und wir gingen durch diese Tür in den Freigangbereich. Ich traute meinen Augen nicht. Das konnte nicht wahr sein. Ich befand mich in einem keilförmigen, etwa fünf Meter langen Auslauf. Durch die über vier Meter hohen Mauern, überzogen mit grauem Spritzbeton, wirkte dieser wie ein Schacht. Vorn, an der Tür war der Abstand zwischen den Mauern schmal, vielleicht eineinhalb Meter. Ich konnte nicht einmal meine Arme ganz ausstrecken. Wir konnten etwa 5 Meter nach hinten gehen. Dort am Ende unseres »Auslaufs« standen die Mauern rechts und links knapp drei Meter auseinander. Was mich aber am meisten erschütterte und entsetzte, war ein Drahtgitter, das über den gesamten »Freigang« gespannt war. Ich fühlte mich wie in einem Hundezwinger oder einem Tigerkäfig. In den Augen der Stasi waren wir offenbar gefährliche Raubtiere.

Die anderen Türen, die ich am Anfang gesehen hatte, führten wohl in weitere solche Käfige. Über dem Gitter lief eine Art Brückengang mit einem Wachturm. Auf der Brücke lief ein uniformierter Stasi-Mann hin und her. Von dort oben konnte er alles einsehen und kontrollieren. Ob er bewaffnet war, konnte ich von unten nicht erkennen.

Dieser Bereich befand sich im Innenhof des Gefängnisses. Das als »Freigang« zu bezeichnen, entsprang wohl dem Zynismus der Stasi. Wir konnten lediglich ein paar Meter hin und her laufen. Sprechen war verboten. Nach einer Viertelstunde mussten wir wieder zurück in unsere Zelle, natürlich streng bewacht. Das wiederholte sich bei jedem weiteren »Freigang«. Bis heute symbolisieren diese Tigerkäfige – wie keine andere Einrichtung des Kaßbergs – für mich den Charakter dieses Gefängnisses sowie den abgrundtiefen Zynismus der Staatssicherheit und deren Verachtung für die Insassen. Vielleicht ist es kein Zufall, dass gerade sie abgerissen wurden und nicht mehr existieren.

Das Formular, das es nicht gab

Nach etwa einer Woche wurden wir wieder einmal aus unserer Zelle geholt. Das wunderte mich, denn an dem Tag stand weder Duschen noch ein Rundgang im Tigerkäfig an. Die nächste Überraschung war, dass wir über die zentrale Treppe in ein Stockwerk höher geführt wurden. In dem Bereich war ich vorher nicht gewesen. Dieser Teil des Knastes hatte mehrere Stockwerke, zwischen den Stockwerken waren Netze aus Draht gespannt. So sollte offenbar verhindert werden, dass sich Häftlinge in den Selbstmord stürzten.

Diese »Sicherungsvorkehrungen« kannte ich schon von Berlin, Dresden, Görlitz. Ein Stockwerk höher wurden wir getrennt. Jeder von uns wurde in einen anderen Raum geführt. Ich kam in ein Büro mit Holztäfelung, den typischen Büroschränken und Holzregalen an den Wänden samt Honecker-Foto. Hinter einem Schreibtisch saß ein Stasi-Mann in Uniform mit silber-geflochtenen Schulterstücken. Einer der höheren Dienstgrade. Er wies auf einen Stuhl vor seinem Schreibtisch. Zunächst fragte er mich, wie es mir ginge und ob ich gesund sei. Ich war etwas überrascht und antwortete in etwa, wie solle es mir schon gehen und gesund fühle ich mich auch. Dann kam er gleich zum eigentlichen Thema. Er erklärte, dass nun bald zwei Drittel meiner Haftzeit vorbei seien. Er wolle wissen, wie ich mir meine Zukunft in der DDR nach meiner Entlassung denn vorstellen würde. Ich sagte meinem Stasi-Gegenüber, dass ich mir da gar nichts vorstellen könne. Das hätte ich schon bei meiner Verhandlung am 13. November 1978 vor dem Kreisgericht Bischofswerda betont. Sollte ich in die DDR entlassen werden, würde ich abhauen. Punkt. Daran habe sich nichts geändert – ganz im Gegenteil. Schließlich seien meine Eltern und mein Bruder mittlerweile in die Bundesrepublik ausgereist. Aber das wisse er ja selbst, erwiderte ich.

Er hatte einige Aktenordner vor sich aufgebaut. Ein paar davon trugen vermutlich meinen Namen. In einem von ihnen blätterte er etwas länger, so, als suche er etwas. Dann zog er ein Blatt Papier heraus und gab es mir. Ich weiß nicht mehr, ob er noch etwas sagte oder nicht, denn ich starrte völlig ungläubig auf dieses Papier. Was ich in den Händen hielt, war ein offizielles Papier. Ein gedrucktes Formular für einen »Antrag auf Entlassung aus der Staatsbürgerschaft der DDR«! Ich war fassungslos. Jahrelang hatten die Behörden unseren »Antrag auf Entlassung aus der Staatsbürgerschaft der DDR«

wieder und wieder abgelehnt mit der Begründung, dass dieser Antrag ungesetzlich sei und jeder rechtlichen Grundlage entbehre. Und nun hatte ich ein offizielles Formular für einen solchen Antrag in den Händen, »gedruckt in der Staatlichen Druckerei der DDR«, so stand es ganz klein am unteren Rand des Blattes. Ich war offenbar nicht mehr weit von meinem Ziel entfernt.

Die Krux mit der Wahrheit

Der Stasi-Mann erklärte mir, ich solle das Papier ausfüllen und ihm zurückgeben. Er gab mir einen Kugelschreiber und wies mich zur Tür seines Büros. Dort wartete der Wachmann, der mich hierher gebracht hatte. Dieser führte mich in eine Zelle mit einem Stuhl und einem Tisch. Die Tür wurde abgeschlossen. Ich setzte mich und begann zu schreiben. Einzutragen waren die üblichen persönlichen Daten, wie Name, Geburtstag, Geburtsort, letzter Wohnort, Schulbildung usw. Der entscheidende Punkt kam zuletzt. Ich sollte meinen Antrag begründen. Dafür war nur wenig Platz vorgesehen. Heute würde man vielleicht sagen: Platz für 400 Zeichen. Ich hätte aber mindestens 4000 Zeichen benötigt. Und selbst dann wäre meine Liste der Gründe noch unvollständig geblieben. Der Stasi-Mann aus dem Büro hatte mir noch mit auf den Weg gegeben, ich solle als Begründung »Familienzusammenführung« schreiben. Ich versuchte trotzdem, ein paar weitere Punkte unterzubringen. Als Erstes führte ich meine Unzufriedenheit mit dem politischen System der DDR an. Mir fehlten Reisefreiheit und Demokratie. Außerdem sähe ich mich in meiner persönlichen Entwicklung eingeschränkt, beispielsweise durfte ich nicht studieren. Der Punkt »Familienzusammenführung« kam ebenfalls vor. Doch schon bei diesem Wenigen an Gründen musste ich recht klein schreiben und mich zum Teil auf Stichworte beschränken. Nach einer Weile kam der Stasi-Offizier aus dem Büro und holte meinen

Antrag ab. Ich wurde in die Zelle zurückgebracht. Zwei von ihnen waren schon vor mir zurück. Kurz nach mir traf dann der Vierte in unserem Bund ein. Wir alle hatten denselben Antrag vorgelegt bekommen und ausgefüllt. Jeder von uns war ziemlich aufgekratzt. Uns war nun klar, wo wir uns befanden. Da konnte es kaum noch Zweifel geben. Es war der Kaßberg in Karl-Marx-Stadt. Der Ort, von dem aus Häftlinge freigekauft und in den Westen gebracht wurden. Jeder von uns hatte Schlimmstes durchgemacht und war einen harten Weg bis hierher gegangen. Die drei anderen deutlich länger als ich. Allerdings hatten wir keine Vorstellung, wie lange wir noch an diesem Ort bleiben müssten. Tage, Wochen, Monate? Es war Mitte Juni 1979.

Etwa eine Stunde nachdem ich zurück in die Zelle gebracht worden war, ging die Tür auf. Der Wachmann von eben rief mich heraus und brachte mich zurück in das Büro des Stasi-Offiziers. Diesmal bekam ich keinen Stuhl angeboten. Er saß hinter seinem Schreibtisch. Ich musste davor stehen bleiben. Er hatte meinen Antrag vor sich und wollte wissen, warum ich mich nicht an seine Begründung gehalten habe. Ich erklärte ihm, dass »Familienzusammenführung« für mich nicht der einzige Grund sei. Deshalb hätte ich auch andere Punkte angegeben. Daraufhin erklärte er mir in abfälligem Ton, dass »so ein dummer 18-jähriger Schnieps« wie ich es sei, das, was ich alles in die Begründung geschrieben hätte, gar nicht beurteilen könne. Den Ausdruck »Schnieps« hatte ich bis dahin noch nie gehört. Wahrscheinlich deshalb und wegen seines Tonfalls blieb er mir bis heute im Gedächtnis. Er gab mir meinen Antrag zurück und ein neues Formular in die Hand. Ich solle meinen Antrag umschreiben. Dann kam ich in dieselbe Zelle, in der ich meinen ersten Antrag geschrieben hatte. Da saß ich nun. Wieder. Was sollte ich tun?

Ich las mir meine Begründung immer wieder durch. Doch ich stand zu jedem einzelnen Punkt. Es war die Wahrheit. Andererseits, was würde geschehen, wenn ich dabeibliebe und die Begründung nicht auf »Familienzusammenführung«

eindampfte? Gefährdete ich sogar meinen Freikauf? Mir war klar, warum die DDR auf den alleinigen Punkt »Familienzusammenführung« bestand. Damit hätte sie meinen Fall als Lösung in einer humanitären Angelegenheit ohne jeden politischen Hintergrund verbuchen können. Doch ich war nun mal an die Mauer gefahren und hatte dort viel riskiert, um zu zeigen, dass ich unter keinen Umständen bereit war, den Rest meines Lebens in der DDR zu verbringen. Für diese Aktion war ich als »Republikflüchtling« nach § 213 StGB der DDR verurteilt worden. Deshalb saß ich im Gefängnis und nicht, weil ich zu meinen Eltern in den Westen wollte. Damit war ich ein politischer Gefangener. Und so war ich behandelt worden. Ich wollte ihnen keine Gelegenheit geben, sich herauszuwinden. Mein einziger Kompromiss war, dass ich in dem neuen Antrag »Familienzusammenführung« als ersten Punkt angab und erst danach meine anderen Beweggründe auflistete. Mich als »dummen 18-jährigen Schnieps« zu bezeichnen, hatte mich dann doch zu sehr provoziert. Außerdem wollte ich weiterhin lieber Sand als Öl im sozialistischen Räderwerk sein.

Als der Offizier meinen »neuen« Antrag abholte und einen Blick darauf warf, murmelte er, ich würde noch sehen, was ich davon hätte. Dann ging's wieder zurück in die Zelle zu den anderen. Als ich denen erzählte, was passiert war, gaben sie zu bedenken, dass ich den Antrag vielleicht doch besser im Sinne der Stasi hätte ändern sollen. Nach außen hin gab ich mich unbeeindruckt, doch in meinem Inneren nagten zunehmend Zweifel. Was war richtig, was falsch? Gab es in der Situation überhaupt das Richtige? Mir war auch klar, dass ich ohnehin nichts mehr ändern konnte. Mein Antrag war gestellt so wie er war. Meine Entscheidung war gefallen.

Der Einkauf

Meine Zweifel und Fragen beschäftigten mich einige Tage. Bis wir wieder aus unserer Zelle geholt wurden. Diesmal brachten sie uns zu einer Art Laden, der sich ebenfalls in unserem Gebäudetrakt befand. Der Raum war vielleicht 35 Quadratmeter groß, hell gestrichen, Neonlicht strahlte von der Decke. Im Raum standen Regale, gefüllt mit Kartons. Ich sah Schuhe, Taschen, Textilien, Zigarettenstangen. Das waren meine ersten Eindrücke. Ich hatte keine Ahnung, was das sollte und warum ich dorthin gebracht worden war. Schließlich kam ein höherer Stasi-Dienstgrad und erklärte uns, dass wir hier und heute einkaufen könnten. Wir alle hatten während unserer Zeit in Bitterfeld Geld verdient. Ein kleiner Teil war uns ausgezahlt worden, der Rest war auf ein Konto gegangen. Dieses Geld sollten wir bei unserer Entlassung bekommen. Nun bekamen wir das Konto-Geld und sollten es ausgeben. Das konnte nur heißen, dass unsere Entlassung bevorstand. Ich war mir nun auch ganz sicher, dass es nur in Richtung Westen gehen konnte, denn bei einer Entlassung zurück in die DDR hätten wir das Geld für später gebraucht, aber nicht für irgendwelche Sachen, die wir hier und jetzt kaufen sollten.

Ich war überglücklich in diesem Augenblick und auch stolz, denn offenbar hatte meine Weigerung, meinen Antrag anders zu begründen, keine negativen Folgen für mich gehabt. Die hatten mal wieder geblufft, aber ich hatte gewonnen.

Ich bekam eine Bescheinigung über die Summe, die ich mir in Bitterfeld erarbeitet hatte. Nach meiner Erinnerung waren es so um die 700 DDR-Mark. Die sollte ich nun möglichst komplett ausgeben. Auch das war ein Hinweis darauf, wohin meine Reise gehen sollte, denn DDR-Mark durfte nicht in den Westen gebracht werden.

Von meinem Geld kaufte ich ein paar Schuhe, eine Reisetasche aus Leder und etliche Stangen Marlboro-Zigaretten. Obwohl ich mich bemüht hatte, möglichst viel Geld auszugeben, blieben noch rund 300 DDR-Mark übrig. Diesen Betrag ließ ich letztendlich an einen meiner Freunde in Bischofswerda überweisen. Wir hatten bis zu meiner Inhaftierung jahrelang im selben Mietshaus gewohnt. Zwar besaß ich nicht dessen Kontodaten, aber der Stasi genügte allein der Name und die Adresse – was mich nicht weiter verwunderte.

Unsere Einkäufe durften wir nicht mit in die Zelle nehmen. Dafür wäre dort auch gar kein Platz gewesen. Sie würden vorerst eingelagert, wurde uns erklärt. Mir fiel auf, dass die Stasi-Leute, auch die Wachen, in den Tagen seit unserer Antragstellung im Vergleich zu unserer Ankunft, fast freundlich geworden waren. Ihr Umgang mit uns war deutlich angenehmer. Das galt für den Gang zur Dusche und zum Freigang. Hätte nur noch gefehlt, dass sie sich entschuldigten, wenn sie uns zu unserer Zelle zurückbrachten und diese wieder abschlossen. Allerdings galt nach wie vor, dass ich außer dem Wachpersonal und einigen hohen Stasi-Offizieren niemand anderes zu Gesicht bekam. Ich hatte keine Vorstellung, wie viele Menschen in diesem Gefängnis-Trakt einsaßen. Vielleicht waren ich und meine Zellengenossen die einzigen? Ja, ich wusste selbst zu diesem Zeitpunkt noch immer nicht mit hundertprozentiger Sicherheit, ob ich wirklich in Karl-Marx-Stadt auf dem Kaßberg war. Es gab viele Anzeichen dafür, sicher. Aber von Seiten der Stasi hatte uns das immer noch niemand gesagt, auch wenn sie etwas freundlicher im Umgang mit uns geworden waren.

Endlich! Kein DDR-Bürger mehr

Als der 20. Juni 1979 begann, hatte ich nicht einmal in meinen wildesten Fantasien eine Vorstellung, wie der Tag verlaufen oder enden würde. Es sollte der bis dahin wohl glücklichste, aber auch dramatischste Tag meines Lebens werden. Davon hatte ich aber noch keinen Schimmer, als uns morgens das Frühstück durch die Türklappe in die Zelle gereicht wurde. Alles lief zunächst wie immer. Doch dann wurde es in unserem Gebäudeteil irgendwie unruhig. Türen wurden auf- und abgeschlossen, wir hörten Schritte der Wachleute, manchmal sogar Stimmen. Das war ungewöhnlich. Denn normalerweise herrschte in unserem Zellentrakt absolute Stille. Also irgendetwas ging da draußen vor sich. Das spürten wir.

Diese Ahnung wurde Gewissheit, als ein Wachmann unsere Zellentür öffnete und wir alle vier raustreten sollten. Er und sein Kollege brachten uns kommentarlos zur Effektenkammer. Dort lagerten die persönlichen Sachen der Strafgefangenen. Keiner von uns war schon einmal dort gewesen. Vorn am Eingang war quer eine Art Tresen, dahinter ein Raum mit Regalen, darauf Kisten und Kartons, offenbar mit den persönlichen Sachen der auf dem Kaßberg Inhaftierten. Der Anzahl nach waren es viele, vielleicht fünfzig oder sechzig.

Ich bekam eine Kiste ausgehändigt. Darin lagen meine Zivilklamotten, die ich bei meiner Verhaftung getragen hatte: Unterwäsche, Strümpfe, mein schwarzer Rollkragenpullover, Schuhe, Jeans und mein grüner Parka und ein beigebraunes Hemd, das mir meine Mutter bei ihrem Besuch in Görlitz mitgebracht hatte. Bei meiner Ankunft in Bitterfeld vor einem halben Jahr hatte ich die Sachen abgeben müssen. Nun bekam ich sie zurück. Das konnte nur bedeuten: Ich werde entlassen!

Ein Glücksgefühl überrollte mich in diesem Moment wie eine Lawine. Ich werde entlassen, das war klar, und ich war mir fast sicher, dass es in Richtung Westen ging. Für diesen Tag hatte ich so sehr gekämpft, auch unter Lebensgefahr. Nun wollte ich jeden Augenblick davon genießen und auskosten. Nach meinen Zivilsachen schob mir ein Mitarbeiter der Effektenkammer noch eine Papiertüte über den Tresen. Darin befanden sich meine Wertsachen: meine Uhr, eine Halskette mit einem blau-weiß-gestreiften fünfzackigen US-Stern. Den hatte mir einer meiner Freunde zwei Jahre zuvor gebastelt und geschenkt. Leider fehlte ein Anhänger aus Gold, der mein Sternzeichen Schütze darstellte. Ich hatte ihn mir von einem Teil des Geldes, das ich zur Jugendweihe geschenkt bekommen hatte, gekauft. Er war nicht mehr aufzufinden und für Nachforschungen blieb mir keine Zeit. Mir fehlte in dem Moment auch der Sinn dafür. Ich unterschrieb trotzdem eine Art Protokoll, dass alles seine Ordnung hätte. Ich zog mich, genau wie die anderen drei, noch in der Effektenkammer um und gab meine Knast-Uniform ab. Wieder in Zivil, zum ersten Mal seit ich nach Bitterfeld gekommen war. Ich fühlte mich sofort wie ein anderer Mensch oder besser überhaupt wieder wie ein Mensch. Wie der Mensch, der ich war, bevor ich in Haft gekommen war. Und doch war es irgendwie anders. Die Klamotten waren noch dieselben, aber ich war nicht mehr derjenige, der ich vor meiner Verhaftung war. Ich fühlte mich irgendwie erwachsener, erfahrener, stärker, selbstbewusster. Auch meine drei Zellengenossen trugen nun wieder Zivil und wirkten auf mich verändert, eben ziviler, individueller, als eigenständige Persönlichkeiten. Wir kannten uns ja nur in Haftkleidung. Es stimmt wirklich: Kleider machen Leute.

Die ganze Prozedur in der Effektenkammer dauerte etwa eine Dreiviertelstunde. Danach mussten wir in einen weiteren Raum gehen, wo von jedem von uns ein Foto in Frontalansicht und ernstem Gesichtsausdruck gemacht wurde. Als Nächstes ging es in ein Büro. Es hatte große Fenster mit schweren grauen Übergardinen, war sehr hell und edel ausgestattet. Ein massiver Schreibtisch aus dunklem Holz stand darin und mehrere Stühle. An der Wand ein Honecker-Foto. Offenbar der Arbeitsraum eines ganz hohen Stasi-Funktionärs. Und so war es auch. Er trug goldene, geflochtene Schulterklappen mit zwei oder drei Sternen, ein General, wahrscheinlich der Leiter des Kaßberg-Gefängnisses. Er stellte sich uns nicht vor. Wir vier saßen auf den bereitgestellten Stühlen, er hinter seinem Schreibtisch. Er erklärte uns ohne Umschweife, dass wir heute vorzeitig entlassen und in die BRD abgeschoben würden. Dabei schien er bei der Nennung jedes Einzelnen dieser drei Buchstaben Ekel zu empfinden. Mir dagegen klangen diese drei Buchstaben wie paradiesische Musik in den Ohren. Mein Herz hüpfte vor Freude. Nun war es hundertprozentig klar und sicher. Wir waren auf dem Kaßberg und freigekauft! Glückliche Mitglieder eines Menschentransports Richtung Westen. Heute werde ich in den Westen entlassen! Es gab keinen Zweifel mehr.

Dann erklärte uns der Stasi-General, dass jeder von uns für die jeweils ausgesetzte Restzeit der Haft eine Bewährungsstrafe erhalte. Bei mir waren das für knapp fünf Monate Haft zwei Jahre auf Bewährung. Er fügte hinzu, dass wir bis auf Weiteres nicht mehr in die Deutsche Demokratische Republik einreisen dürften. Einer von uns fragte, was dieses »bis auf weiteres« bedeute. Das würden sich die Behörden der Deutschen Demokratischen Republik vorbehalten zu entscheiden, antwortete er kurz angebunden. Zum Schluss gab er jedem von uns die offizielle »Entlassungsurkunde aus der Staatsbürgerschaft der DDR« mit Stempel und Unterschrift des DDR-Innenministers. Nun hielt ich es schwarz auf weiß und beurkundet in den Händen: Ich war kein DDR-Bürger mehr!

Kein Stasi-Mann konnte mir ab sofort noch etwas anhaben. Sie hatten ihre Macht über mich verloren. Wie oft hatte ich davon geträumt? Nun war dieser Traum Wirklichkeit geworden. Der Stasi-General erklärte uns, dass wir nun wieder zurück in unsere Zelle gebracht würden. Die würde nicht mehr abgeschlossen werden, wir sollten sie aber nicht verlassen und warten, bis wir abgeholt würden.

Auf dem Weg zurück schwebte ich wie auf Wolken. Der Stasi-Knast hatte für mich seinen Schrecken verloren. Der Gebäudetrakt, in dem wir die ganze Zeit gefangen gehalten wurden, schien mir plötzlich weniger bedrohlich und düster. Zurück in unserer Zelle schaute ich immer wieder auf die Urkunde. Da stand wirklich mein Name. Es war unfassbar. Ich hatte es tatsächlich geschafft. Und sollte ich es noch immer nicht glauben, war spätestens die offene und nur noch ange-

URKUNDE

Falk Mrazek

geboren am 27. 11. 1960 in Radeberg

wohnhaft in Bischofswerda, Am Schillerplatz 6

wird gemäß § 10 des Gesetzes vom 20. Februar 1967 über die Staatsbürgerschaft der Deutschen Demokratischen Republik (GBl. I S. 3) aus der Staatsbürgerschaft der Deutschen Demokratischen Republik entlassen. Die Entlassung erstreckt sich auf folgende kraft elterlichen Erziehungsrechts vertretene Kinder:

–

geboren am   in

–

geboren am   in

–

geboren am   in

Die Entlassung aus der Staatsbürgerschaft der Deutschen Demokratischen Republik wird gemäß § 15 Abs. 3 des Staatsbürgerschaftsgesetzes mit der Aushändigung dieser Urkunde wirksam.

Berlin

den 12. 6. 1979

Ausgehändigt am 20 06.79

Die Urkunde zur lang ersehnten Entlassung aus der Staatsbürgerschaft der DDR.

lehnte Zellentür ein weiteres Indiz dafür, dass ich nun kein Gefangener mehr war.

Am Mittag bekamen wir sogar noch einmal warmes Mittagessen angeboten, aber ich bekam vor Aufregung nichts herunter. Den drei anderen ging es genauso. Wir unterhielten uns viel lieber darüber, was wir im Westen alles vorhatten, vor allen Dingen, wo wir als Erstes hinwollten. Zwei hatten Verwandtschaft, die sie ansteuern wollten. Einer war ohne jeden Anhang. Für mich war ja klar, dass ich so schnell wie möglich zu meinen Eltern und zu meinem Bruder nach Köln wollte. Dort wohnten ja auch mein Onkel, meine Tante und meine Cousine. Ich plante, so bald wie möglich an ein Gymnasium zu gehen, um mein Abitur nachzuholen, um später studieren zu können. Mein Berufsziel war Journalist. Daran hatte sich nichts geändert. Außerdem wollte ich mich nie mehr in einem Raum aufhalten müssen, den ich nicht betreten und verlassen konnte, wann ich wollte, und dessen Tür ich nicht allein öffnen und schließen konnte.

Kontrollen, Kontrollen, Kontrollen

Es vergingen etwa zwei Stunden. Das zeigte meine Uhr, die ich nun wieder am Handgelenk trug. Auch das war ein Luxus, dessen Wert ich erst so richtig zu schätzen wusste, nachdem ich ihn so lange hatte entbehren müssen. Während dieser Zeit bekam ich auch die Sachen, die ich an unserem »Einkaufstag« erworben hatte. Alles lief wie in einem Uhrwerk ab.

Dann trat ein Stasi-Offizier in unsere Zelle. Er gab jedem von uns einen persönlichen »Entlassungsschein«. Da standen mein Name darauf, mein Geburtsdatum und der Tag meiner Entlassung in die BRD, dazu der Stempel des Ministeriums des Inneren, Verwaltung Strafvollzug, und eine unleserliche Unterschrift. Auf dem Papier war das Passfoto aufgeklebt, das man kurz zuvor von mir gemacht hatte. Es war mit Sicherheit eines der schnellsten Fotos, das je in der DDR entwickelt

Entlassungsschein

Name   **MRAZEK**

Vorname   **Falk**

geb. am   **27. 11. 1960**   in   **Radeberg**

wurde am   **20. 06. 1979**   nach   **der BRD**   entlassen.

Er/Sie befand sich seit ....
in Untersuchungshaft/im Strafvollzug.

(Dienstsiegel)   Unterschrift

Mein Entlassungsschein vom 20.06.1979. Es war das letzte Dokument, das ich von DDR-Behörden erhielt.

worden war. Normalerweise musste man auf ein Passfoto zwei bis drei Wochen warten. Aber, wenn die Stasi etwas wollte, ging es schneller.

Für dieses schmucklose Stück Papier hatte ich gekämpft. Es war ihm nicht anzusehen, was ich dafür alles riskiert und erlitten hatte.

Der Stasi-Offizier forderte uns auf, ihm zu folgen. Ich nahm meine gerade erworbene Tasche, darin meine Einkäufe und meine Urkunde, die offiziell bezeugte, dass ich kein DDR-Bürger mehr war. Ich verließ meine Zelle im Kaßberg zum letzten Mal. Links von mir sah ich ein Spalier von Stasi-Uniformträgern. Da mussten wir vorbei. Ich lief links und dann noch mal links. Der Weg war etwas länger als der zum Freigang. Aber ich musste meinen Entlassungsschein an mindestens fünf Kontrollstellen zeigen, wenn nicht öfter. Offenbar war er so etwas wie ein Passierschein. An jeder Station musste ich dieses Papier einem Stasi-Mann geben. Der fragte mich nach meinem Namen und Geburtsdatum. Er verglich meine Angaben mit denen auf einer Liste vor sich und kontrollierte sorgfältig, ob mein Gesicht mit dem Foto auf dem Entlassungsschein übereinstimmte. Den gab er mir dann zurück und ich durfte zur nächsten Station weitergehen. Dieses Prozedere wiederholte sich jedes Mal.

40 Plätze Freiheit und ein Orkan der Gefühle

Nachdem ich alle Kontrollen hinter mir hatte, kam ich schließlich aus dem Gebäude heraus ins Freie und trat auf einen Gefängnishof. Direkt vor dem Ausgang des Gebäudes stand ein Reisebus aus dem Westen. Dass er aus dem Westen war, erkannte ich sofort, weil in der DDR alle Busse gleich aussahen: ein Gelenkbus, der in den ungarischen Ikarus-Werken produziert wurde. Dieser hier hatte eine ganz andere Form und über dem Kühlergrill stand der Firmenname »Magirus Deutz«. Dieser Name war auch in der DDR bekannt. Ich musste um ihn herumgehen, um einzusteigen. So registrierte ich, dass der Bus zwar aus dem Westen kam, aber ein DDR-Nummernschild hatte.

Nur die vordere Tür war offen. Davor stand noch einmal ein Stasi-Kontrolleur und prüfte meine Angaben und mein Foto ein letztes Mal. Erst dann durfte ich einsteigen. Ich suchte mir einen Platz in der Mitte, links in Fahrtrichtung am Fenster. Kurz danach stiegen meine drei Zellengenossen ein. Wir gehörten zu den ersten Fahrgästen und saßen beieinander. Erst in diesem Moment wurde mir bewusst, wo ich mich befand. Ich saß im Bus in die Freiheit. Ich würde bald im Westen sein – und frei! Bis dahin war ich so konzentriert gewesen, an den Kontrollen alles richtig zu machen, dass ich meine Umgebung nur wie durch einen Tunnelblick wahrgenommen hatte.

Der Bus füllte sich. Währenddessen spielten sich vor meinen Augen unfassbar emotionale Szenen ab, sowohl ergreifende als auch erschütternde. Diese Eindrücke trafen mich mit voller Wucht und ohne Vorwarnung. Die meisten Freigekauften stiegen mit glücklichen Gesichtern ein, einige jubelten, schrien vor Freude, rissen beide Arme hoch oder lachten unter Tränen. Im Bus trafen sich aber auch Menschen wieder, die gemeinsam versucht hatten, irgendwo in Europa durch den »Eisernen Vorhang« zu fliehen und gescheitert waren. In einem Fall war das ein Ehepaar, Ende dreißig, Anfang vierzig. Der Mann saß schon im Bus etwas weiter hinter mir. Plötzlich hörte ich hinter mir einen lauten Schrei und er lief an mir vorbei. Er rief immer wieder einen Namen, während er durch den Bus nach vorn zum Eingang stürzte. Er hatte wohl gerade seine Frau erkannt. Sie weinten beide und hielten sich nahezu krampfhaft umschlungen, als wollten sie sich nie mehr loslassen. Schließlich gingen sie gemeinsam in den hinteren Teil des Busses. Ihrem Gespräch entnahm ich, dass sie wohl über Bulgarien nach Jugoslawien hatten fliehen wollen. Seit ihrer Verhandlung hatten sie sich über Jahre nicht mehr gesehen. Die Stasi hatte dem jeweils anderen gesagt, dass der Mann beziehungsweise die Frau erklärt hätte, nicht mehr in den Westen zu wollen, obwohl beide im Knast Ausreiseanträge gestellt hatten. Die Stasi hatte sie gegeneinander ausspielen wollen. Nun saßen sie beieinander, weinten Rotz und Wasser, lachten, schnieften vor Freude und Erleichterung. Ich konnte nur ahnen, was die beiden durchgemacht hatten, aber auch, welches Glück sie nun empfinden mussten.

Ähnliche Szenen spielten sich bei einem etwas jüngeren Paar ab. Beide hatten wohl erfolglos versucht, über die Tschechoslowakei nach Österreich zu fliehen. Sie waren bei ihrer Verhaftung getrennt worden und trafen sich nun wieder, ohne auch nur zu ahnen, dass sie schon seit einigen Tagen im selben Gefängnis ganz nahe beieinander gewesen waren und unmittelbar vor dem Wiedersehen standen. Jetzt war mir klar, warum die Stasi die Gefangenen nach Zellen voneinander isoliert hatte. Auch in diesem Fall war ich tief berührt von diesen emotionalen Ausbrüchen. Ich saß im Bus und um mich herum tobte ein Orkan der Gefühle. Innerlich war auch ich aufgewühlt, aber ich musste allein mit meinen Glücksgefühlen klarkommen.

Jeder Mensch, der diesen Bus bestieg, hatte seine eigene harte Zeit hinter sich, mit Erlebnissen, die sich keiner wünschte oder in den schlimmsten Albträumen hatte vorstellen können. Trotzdem hatten wir es auf uns genommen. Jeder sicher aus unterschiedlichen Motiven. Ich jedenfalls wollte frei sein, die Welt sehen und mein Leben selbst bestimmen können, kurz: in einer Demokratie leben. Diese Chance hatte ich mir nun erkämpft.

Schließlich gab es keinen freien Platz mehr im Bus. 40 Plätze in die Freiheit, besetzt mit Menschen, jeder mit einem bewegenden Einzelschicksal.

Dann stieg Dr. Wolfgang Vogel in den Bus ein. Er war Rechtsanwalt und Sonderbeauftragter der DDR-Regierung für den Häftlingsfreikauf. Die meisten im Bus schienen ihn zu kennen. Ich auch. Ich hatte sein Foto in einer »Spiegel«-Ausgabe gesehen, die mein Onkel aus Köln bei einem seiner Besuche zu uns nach Bischofswerda geschmuggelt hatte.

Vogel stellte sich zunächst vor. Dann gratulierte er uns zu unserer heutigen Entlassung in die Bundesrepublik Deutschland. Das Wort »Freikauf« vermied er. Er erklärte uns, dass wir über den Grenzübergang Wartha-Herleshausen zum Notaufnahmelager Gießen gebracht würden. Er ermahnte uns eindringlich, im Westen mit niemandem über die Umstände unserer Haft und unsere Freilassung zu reden. Unter gar keinen Umständen sollten wir mit Medienvertretern sprechen. Anderenfalls würden wir die Freilassung weiterer politischer Strafgefangener, die noch in DDR-Gefängnissen einsaßen, gefährden.

Plötzlich meldete sich eine Frau im Bus und erklärte, sie habe noch ein minderjähriges Kind in der DDR. Was würde denn mit ihrem Kind passieren? Anwalt Vogel sagte, dass ihr Kind in den Westen nachkäme, es aber noch nicht klar sei, wann das geschehen würde. Er kannte den Fall offenbar und war unterrichtet. Das reichte der Frau aber nicht. Sie verlangte, aus dem Bus auszusteigen. Sie wolle auf keinen Fall ohne ihr

Kind in den Westen fahren. Die Frau wirkte völlig verzweifelt, zugleich sehr entschlossen.

Dr. Vogel erklärte ihr, es helfe weder ihr noch ihrem Kind, wenn sie nun ausstiege. Die Sache werde in ihrem Sinn geregelt, hätten ihm die DDR-Behörden versichert. Das kam mir irgendwie bekannt vor … Das hatten die DDR-Behörden auch meinen Eltern immer wieder versichert. Schließlich setzte sich die Frau wieder auf ihren Platz. Der Mann neben ihr schien ihr Ehemann zu sein. Er glaubte Dr. Vogel offenbar und redete beruhigend auf sie ein. Er legte seinen Arm fest um sie, als sie hemmungslos weinte.

Bevor Dr. Vogel den Bus verließ, erinnerte er uns noch einmal an das Sprechverbot. Kein Wort über die Umstände unserer Haft und die Freilassung. Das schien ihm besonders am Herzen zu liegen.

Ich für meinen Teil hatte fest vor, mich daran zu halten, denn ich wusste, was ich als »Politischer« im DDR-Knast gerade hinter mir hatte. Ich wollte auf keinen Fall, dass andere Leidensgenossen ihre Chance auf Freikauf durch meine »Geschwätzigkeit« verlören. Dann wünschte Dr. Vogel uns noch viel Glück für die Zukunft und einen schönen Tag. Den hatte ich.

Später erfuhr ich, dass wegen Dr. Vogel und seiner wichtigen Rolle bei der Abwicklung des Freikaufs der Trakt des Kaßberg-Gefängnisses, in dem die freigekauften »Politischen« saßen, den Spitznamen »Vogelkäfig« trug.

Aus dem »Vogelkäfig« in die Freiheit

Unser Bus verließ den Kaßberg kurz nach 14.00 Uhr. Als wir durch ein geöffnetes Metalltor von dem Gelände nach draußen auf die Straße fuhren, salutierten die Stasi-Wachen. Ich fand das unfassbar. Einige Leute im Bus lachten verächtlich. Ich konnte es nachvollziehen. Es war den Stasi-Wachleuten befohlen worden, vor uns zu salutieren und sie taten es. Wäre der Befehl gekommen, das nackt zu tun, hätten sie diesen auch befolgt. Genauso hätten sie uns auf Befehl gequält oder getötet. Diese Leute bezeichneten sich als »kommunistische Avantgarde« und hielten sich uns politischen Gefangenen gegenüber für moralisch und weltanschaulich überlegen. Ich verachtete sie. In diesem Augenblick erst recht. Jeder einzelne Mensch in diesem Bus war dagegen aus meiner Sicht in seiner Charakterstärke und Standfestigkeit sehr viel mehr zu bewundern als diese »Avantgarde«. Wir fuhren durch Karl-Marx-Stadt und erreichten irgendwann die Autobahn A4. Dr. Vogel begleitete unseren Bus mit einem Mercedes bis zur Staatsgrenze. Er fuhr die gesamte Strecke vor uns und eskortierte uns.

Während der Fahrt durch die Stadt kam ich mir vor als säße ich in einem Raumschiff. Die Menschen da draußen schienen mir unendlich weit entfernt, obwohl nur die Fensterscheibe des Busses zwischen ihnen und mir war. Trotzdem trennten uns nun Welten. Wir im Bus durften in den Westen, konnten die Grenze gefahrlos überwinden, die für die Menschen außerhalb des Busses weiterhin tödlich war.

Der Himmel war bedeckt, als unser Bus auf dem Kaßberg startete und durch Karl-Marx-Stadt fuhr. Ich war vorher noch nie zuvor in dieser Stadt gewesen. Sie kam mir an diesem Tag sehr grau und trostlos vor. Viele Gebäude, an denen wir vorbeifuhren, wirkten verwahrlost und verfallen, die Dächer löchrig und der Putz bröckelte von den Fassaden.

»Ob darin wohl noch Leute wohnten?«, fragte ich mich.

Die Fahrt auf der A4 Richtung Grenze dauerte über zwei Stunden. Im Bus war es ruhig geworden. Es wurde kaum gesprochen. Jeder schien seinen eigenen Gedanken nachzuhängen. Ich schaute durch das Busfenster hinaus auf das Land, das ich nun für immer verließ. Das Land, zu dem ich nicht mehr gehörte und nicht mehr gehören wollte. Und trotzdem: Ich war da geboren, aufgewachsen, hinterließ Freunde und Bekannte, die ich vielleicht nie mehr wiedersehen würde. Während draußen die Autobahnschilder Städte anzeigten, die immer näher

Eine seltene Aufnahme: Bus mit freigekauften Häftlingen auf der Fahrt ins Aufnahmelager Gießen, 14.09.1977.

an der Westgrenze der DDR lagen, tauchten in meinem Kopf Bilder und Erinnerungsfetzen auf: meine Festnahme am Brandenburger Tor, die ersten Verhöre während der Einzelhaft, die PanAm-Flugzeuge über mir bei den Rundgängen auf dem Dach des Polizeipräsidiums in der Keibelstraße, meine Verhandlung in Bischofswerda, die furchtbaren Kältetage in Bitterfeld. Die lagen noch kein halbes Jahr zurück. Der Schock, als ich zum ersten Mal die Halle in der Aluminium-Presserei betrat, die Brandkatastrophe, die ständige emotionale Achterbahnfahrt zwischen Hoffnung und Zweifel. Ich dachte aber auch an die Hühnchen im Abflussrohr zu Weihnachten in Görlitz und an die Stasi-Ärsche in Uniform im Kaßberg-Gefängnis, über die wir uns lustig gemacht und gelacht hatten, und ich erinnerte mich an andere kleine Episoden. Dabei fiel mir auf, dass ich während meiner Haftzeit erstaunlich viel gelacht hatte. Es war allerdings kein fröhliches oder glückliches Lachen gewesen, es hatte vielmehr etwas Subversives. Wir machten uns über das

205

Wachpersonal lustig, vor dem wir natürlich auch Angst hatten, weil es für mich wie für alle Strafgefangenen eine Bedrohung darstellte. Aber dieses Lachen überwand meine und unsere Angst. Es brach deren Macht über uns in diesen Momenten. Es brachte für einige Augenblicke Licht ins Dunkel. Wenn mir Verzweiflung, Einsamkeit und Hoffnungslosigkeit bis zum Hals standen, dann war das Lachen wie eine Insel, auf die ich mich retten konnte, nicht für lange, aber immerhin. Es war ein Insel-Lachen, ein Rettungslachen. Es rettete vor allen Dingen mich selbst davor, an den gnadenlosen Bedingungen des DDR-Strafvollzugs zu zerbrechen. Besonders viel hatte ich mit Peter gelacht. In dieser Hinsicht tickten wir ähnlich, hatten das gleiche Naturell. Sicher auch ein Grund, warum wir beide uns so gut verstanden. Ich dachte an ihn. Er war noch dort, in Bitterfeld. Ich hoffte für ihn, dass er seine Restzeit möglichst unversehrt überstehen würde.

Während ich so nachdachte auf dem Weg Richtung Grenze, schaute ich mich zwischendurch immer mal wieder im Bus um. Einige unterhielten sich angeregt. Die meisten aber schienen, wie ich, diese Fahrt im Stillen zu genießen.

Unser Bus erreichte am 20. Juni 1979 gegen 17.00 Uhr den von der Ostseite hochgesicherten Grenzübergang Wartha-Herleshausen bei Eisenach. Wir fuhren rechts auf einer Seitenspur in den unmittelbaren Grenzbereich hinein. Der Eingang war an der Schranke zu erkennen. Unsere Spur war offen, Grenzer salutierten, als wir langsam vorbeifuhren. Im Bus herrschte angespannte Stille. Jeder war gespannt und neugierig, was nun passieren würde. Nach ein paar Hundert Metern stoppte unser Fahrzeug an einer weiteren Kontroll-stelle. Ein Mann und eine Frau stiegen aus. Sie waren mir in der Anfangseuphorie gar nicht aufgefallen. Offenbar waren es Stasi-Leute in Zivil. Sie hatten an der Vorder- und Hin-tertür gesessen und darüber gewacht, dass niemand während unserer Fahrt zur Grenze zustieg. Einige im Bus machten ihre Witze über die zwei nach dem Motto: »Würde uns ja stinken, wenn wir jetzt aussteigen müssten.« Auch Dr. Wolfgang Vogel drehte mit seinem Mercedes ab und fuhr zurück in Richtung DDR.

Als unser Bus wieder anfuhr, salutierten die DDR-Grenzer am Kontrollpunkt erneut. Es war ein Bild für die Götter. Ich konnte es einfach nicht glauben. Wir fuhren noch ein paar Kilometer bis wir auf einer langen Brücke an einem DDR-Hoheitszeichen vorbeikamen. Ab und zu schien die Sonne. Unser Busfahrer meinte, dass wir nun im Westen seien. Der Jubel, der in diesem Moment in unserem Bus ausbrach, war grenzenlos. Wir sprangen von unseren Sitzen auf, umarmten uns, liefen durch den Gang hin und her, schrien vor Freude und weinten vor Glück. Es war, als fiele nun die Anspannung und Angst von uns ab, die Stasi würde den Bus doch noch stoppen oder es könnte etwas Unvorhergesehenes auf der Fahrt zur Grenze passieren.

Diese Angst war nun vorbei. Endgültig.

Dieser Tag war für mich bis dahin schon eine einzige Kaskade von unbeschreiblich glücklichen Momenten und Augenblicken. Ich hätte nicht gedacht, dass das noch steigerungsfähig wäre. Und doch durchlebte ich in diesen Minuten noch einmal eine Gefühlsexplosion unfassbaren Ausmaßes. Fast unerträglich. Ich hatte nicht nur die Grenze zur Bundesrepublik, sondern auch die Grenze meines Glücksempfindens erreicht. Mehr ging nicht.

An der erstmöglichen Ausfahrt auf der Seite der Bundesrepublik bog der Bus auf eine Raststätte ab. Wir stiegen aus, und jeder von uns erhielt vom Fahrer ein Verpflegungspaket, unter anderem mit Obst. Während ich die Sachen aus dem Verpflegungspaket genoss, bemerkte ich, dass unser Fahrzeug mittlerweile ein westdeutsches Kennzeichen hatte. Offenbar war es an der Grenze automatisch gewechselt worden, wie in einem James-Bond-Film.

Ich hatte nun Neuland betreten. Es fühlte sich an wie auf einem anderen Planeten. Als ich aus dem Bus gestiegen war, hatte ich den Boden unter meinen Füßen geprüft. Fühlte er sich an wie im Osten? Das tat er.

Der Hauptunterschied: Ich war in Freiheit. Für die Menschheit war das ein kleiner Schritt, den sie nicht einmal wahrnahm. Für mich dagegen ein ganz großer.

Da stand ich nun – im Westen. Ich war achtzehneinhalb Jahre alt. Ein freier Mensch! Und endlich auch in Freiheit!

Und dann?

Der Bus brachte uns direkt ins Notaufnahmelager Gießen. Der Begriff »Lager« für die Einrichtung in Gießen irritierte mich. Dieses Wort löste bei mir, der ich gerade aus dem Lager in Bitterfeld gekommen war, negative Assoziationen aus. Doch das änderte sich mit der Ankunft unseres Busses. Wir konnten uns völlig frei bewegen, das Areal verlassen und zurückkommen, ganz wie wir wollten. Nichts erinnerte an ein Lager in Form eines Gefängnisses, wie ich es kennengelernt hatte.

Mich erwartete in Gießen schon ein Brief meiner Eltern. Sie hatten ihn hinterlassen, als sie Anfang Mai dort waren. Darin teilten sie mir mit, wo sie jetzt lebten und wie ich sie telefonisch erreichen könne. Natürlich rief ich sofort an. Es war die Nummer meines Onkels in Köln. Meine Eltern wohnten gleich nebenan, hatten aber noch kein Telefon. Wenigen Minuten später waren wir in Kontakt. Es wurde ein aufgeregtes und tränenreiches Gespräch.

Am Abend erhielten wir im Aufnahmelager von Kopf bis Fuß neue Kleidung, gespendet von der Kirche. Außerdem erhielt jeder einen großen Beutel mit Toilettenartikeln. Ich war sprachlos ob der Großzügigkeit. Am nächsten Tag folgten dann die ersten Aufnahmeformalitäten. Alles war für mich sehr aufregend und vor allem neu. Schon allein die Gerüche in den Gebäuden, der Duft der Bettwäsche. Die Zahncreme schmeckte einfach nur toll. Der Rasierschaum und die Seife rochen so wie unsere Wohnung in Bischofswerda, wenn Westbesuch da war.

Im Notaufnahmelager Gießen hatten meine Eltern einen Brief für mich hinterlegt.

Und endlich, endlich wieder abschließbare Toiletten. Was für ein Luxus!

Ich erhielt vorläufige Ausweispapiere, damit ich an meinem späteren ständigen Wohnort, also in Köln, einen Personalausweis beantragen konnte. Mir wurde erklärt, welche Behördengänge ich in welcher Reihenfolge erledigen müsse. Es war alles sehr verwirrend für mich. Ich war froh, dass ich einen Laufzettel bekam, damit ich in diesem Informationsstakkato, das auf mich einprasselte, nicht die Orientierung verlor, nichts vergaß oder durcheinanderbrachte. Außerdem wurde ich, wie auch alle anderen, von Mitarbeitern des deutschen Geheimdienstes und der Geheimdienste der westlichen Alliierten befragt. Sie erkundigten sich nach den Haftbedingungen und den Strafvollzugseinrichtungen, in denen ich war. Ob ich misshandelt worden sei. Nach Namen von Strafvollzugspersonal. Wie meine Pläne für mein Leben im Westen seien. Ich antwortete, so gut ich mir damals selbst über diese Pläne bewusst war.

Am Nachmittag ging ich dann mit meinen drei ehemaligen Zellengenossen aus Karl-Marx-Stadt in die Gießener Innenstadt. Ich staunte darüber, wie bunt und sauber alles war. Der Verkehr war so dicht, dass wir uns kaum über die Straße trauten, zumal wir vier ja Straßenverkehr seit Monaten oder Jahren überhaupt nicht mehr gewohnt waren.

Bei meinem ersten Gang in ein Kaufhaus war ich völlig überwältig von meinen Eindrücken. Besonders beeindruckte mich ein großer Stand mit unendlich vielen Zeitungen, Zeitschriften, Magazinen, Illustrierten und Comics. Ich fragte mich, wer die denn alle lesen solle. Und im Stillen hoffte ich, vielleicht einmal selbst als Journalist für einige von ihnen zu schreiben. Ich hatte 150 D-Mark Begrüßungsgeld in der Tasche, aber ich konnte mich nicht entscheiden, wenigstens eine davon zu kaufen. Es war einfach zu viel für mich.

Wir setzten uns schließlich in ein Straßencafé in der Fußgängerzone. Ich genoss die Atmosphäre, beobachtete die Leute und freute mich über die gerade gewonnene neue Freiheit. Leider erhielt meine Freude einen Dämpfer, als die Kellnerin des Cafés uns wegen unseres Dialekts ansprach. Sie fragte, wo wir denn herkämen. Als wir ihr erklärten, wir kämen aus der DDR und seien gerade im Notaufnahmelager angekommen, drehte sie sich um und murmelte im Weggehen, für solche wie uns seien schon genug Steuergelder hinausgeworfen worden …

Geschafft! Ankunft in Köln: stürmische Umarmung mit meiner Mutter, 22. Juni 1979.

Am folgenden Tag fuhr ich nach Köln. Ich konnte es kaum erwarten, meine Eltern und meinen Bruder wiederzusehen. Der Zug kam am Mittag in Köln an. Mein Vater, mein Bruder, meine Cousine und mein Onkel holten mich am Kölner Hauptbahnhof ab. Wir begrüßten uns herzlich und ungestüm. Der Bahnhof hatte eine riesige Panorama-Glasfassade, die den Blick auf den mächtigen Kölner Dom freigab. Ich kannte ihn bisher nur von Fotos. Nun stand ich selbst davor. Mir kam es wie ein Traum vor. Es war ein grauer und regnerischer Tag, aber das störte mich nicht. Für mich schien die Sonne. Mein Onkel fuhr uns mit seinem Auto zur Wohnung meiner Eltern. Dort wartete schon meine Mutter. Wir fielen uns in die Arme und drückten uns fest aneinander.

Kurz darauf saß ich auf der Couch im Zimmer meiner Cousine. Es war die Couch von jenem Foto, das mir meine Mutter im November 1978 im Knast in Görlitz gegeben hatte. Damals konnte ich nur davon träumen, irgendwann einmal selbst darauf zu sitzen. Dieser Traum war nun in Erfüllung gegangen.

Sechs Wochen nach diesen Ereignissen befand ich mich schon wieder auf der Schulbank. Gerade einmal drei Monate waren seit der Brandkatastrophe in Bitterfeld und den Androhungen der Stasi-Herren vergangen. Ich hatte die Sommerferien genutzt, um die meisten meiner Anmeldeformalitäten bei den Ämtern zu erledigen.

Außerdem hatte ich mich im Gymnasium im Schulzentrum Köln-Porz-Zündorf für das kommende Schuljahr angemeldet. Ich stieg in der 11. Klasse ein. Schnell hatte ich mich in meiner neuen Umgebung eingelebt, sowohl in der Schule als auch außerhalb.

Trotzdem erwischte mich ab und zu Heimweh nach Bischofswerda. Ich ertappte mich bei dem Wunsch, meine früheren Freunde und Freundinnen wiederzusehen. Manchmal war dieser Wunsch übermächtig und geradezu schmerzhaft intensiv. In dieser Zeit hielt ich weiterhin engen Kontakt zu den meisten von ihnen. Wir schrieben uns Briefe und Kar-

Der Leiter des Bundesnotaufnahmeverfahrens
Gießen

Az.: -I- Reg.-Nr.: 801 291 Gie.

(Bei Antwort anzugeben)

6300 Lahn 1, den 21. Juni 1979

Postfach 5040
Telefon 74071

Einreise: 20.06.1979

Herrn ~~MKK~~

Falk Mrazek
Schmittgasse 39 a

5000 Köln 9o

Durchga~~...~~ ~~...~~ Massen
475 Unna-Massen Nord

| 150,– | DM Einmalige Unterstützung der Bundesregierung |
| am 2 1. 6. 1979 | gezahlt |

Herr ~~Frau~~ M r a z e k , Falk

(Name Vorname)

geb. am 27.11.1960 in Radeberg Krs. Dresden Staatsangeh. deutsch

letzter Wohn- bzw. Aufenthaltsort in der DDR: Bischofswerda

~~Beruf~~ Elektromaschinenbauer-Lehrling Familienstand ledig

ausgewiesen durch Lichtbildausweis

mit ~~...~~

Familienangehörige

erhält gemäß § 1 des Gesetzes über die Notaufnahme von Deutschen in das Bundesgebiet vom 22. August 1950 (Bundesgesetzbl. S. 367) in der Neufassung des Bundesvertriebenen-gesetzes vom 3. 9. 1971 (BGBl. I S. 1565) durch Beschluß des Aufnahmeausschusses vom 21. Juni 1979

die Erlaubnis zum ständigen Aufenthalt im Bundesgebiet.

Diese Entscheidung gilt nicht als Entscheidung über die Flüchtlingseigenschaft.

Als Land, in dem ~~der~~ Aufgenommene(M) seinen ersten Wohnsitz zu nehmen hat ~~haben~~

wird Nordrhein-Westfalen bestimmt.

Der Leiter
des Bundesnotaufnahmeverfahrens
im Auftrag

Der Beauftragte
der Bundesregierung
Im Auftrag

Bitte Rückseite beachten

Formbl. 84

Mein erstes Dokument nach meiner Ankunft im Westen: Erlaubnis zum ständigen Aufenthalt in der Bundesrepublik.

Bescheinigung

nach § 10 Abs. 4 des Häftlingshilfegesetzes

Herrn   M r a z e k   Falk
Frau _____ Vorname _____
Fräulein

geb. am   27.11.1960   in   Radeberg/DDR   Kreis _____

wird hiermit gemäß § 10 Abs. 4 des Gesetzes über Hilfsmaßnahmen für Personen, die in Gebieten außerhalb der
Bundesrepublik Deutschland in Gewahrsam genommen wurden (Häftlingshilfegesetz — HHG), i.d.F. der Be-
kanntmachung vom 29. 9. 1969 (BGBl. I S. 1793), geändert durch das Siebente Gesetz zur Änderung und Ergän-
zung des Häftlingshilfegesetzes vom 6. 8. 1975 (BGBl. I S. 2110), bescheinigt, daß bei ihm — ~~ihr~~ die Voraus-
setzungen des § 1 Abs. 1 Nr. 1 HHG — und des § 9 Abs. 1 HHG — *) vorliegen und Ausschließungsgründe nach
§ 2 Abs. 1 Nr. 1 und 2 HHG nicht gegeben sind.

1. Beginn des politischen Gewahrsams i. S. des § 1 Abs. 1 und 5 HHG: 14.09.1978

2. Ende des politischen Gewahrsams: 20.06.1979

3. Ort des Gewahrsams: a) ~~Zuchthaus~~ — Gefängnis — ~~Konzentrationslager~~ — ~~Internierungslager~~*)

   in   Ostberlin, Dresden, Görlitz, Bitterfeld,
        Carl-Marx-Stadt

   b) Zwangsaufenthalt **)

   in   --

4. Tag seines/~~ihres *)~~ Eintreffens im Bundesgebiet bzw. im Land Berlin am   20.06.1979

Diese Bescheinigung ist **kein Nachweis** dafür, daß Ansprüche nach §§ 4, 9a, 9b oder 9c HHG bestehen.

Köln, 0 7. Aug. 1979   STADT KÖLN
(Ort, Datum)   Der Oberstadtdirektor
                                               Vertriebenenamt
Im Auftrag   (Siegel)   (Dienststelle)

Gahlen

*) Nichtzutreffendenfalle streichen.
**) Angaben über das ausländische Staatsgebiet, aus dem die Rückkehr nicht möglich war.

Bescheinigung meines Gewahrsams in der DDR als politischer Häftling nach
dem Häftlingshilfegesetz.

Quelle: Privatarchiv Falk Mrázek

Mit meinen Eltern und meinem Bruder am Rhein in Köln im Juni 1979.

ten. Ab und zu telefonierten wir miteinander. Das gestaltete sich aber wegen der fehlenden Telefonleitungen zwischen Ost und West als sehr schwierig. Außerdem hatte überhaupt nur einer meiner Freunde in Bischofswerda einen Telefonanschluss.

Auch mit Peter blieb ich brieflich in Verbindung, zunächst über seine Verlobte, denn Peter saß noch in Bitterfeld im Knast. Nach seiner vorzeitigen Entlassung aufgrund einer Amnestie anlässlich des 30. Jahrestags der DDR schrieben wir uns dann direkt. Ab und zu schickte ich ein Paket. Mit der Zeit wurden die Kontakte aber immer seltener. Wir lebten wieder in verschiedenen Welten und nur über Vergangenes zu reden, trägt nicht für die Zukunft. Ich wollte und konnte ihm auch nicht immer über mein neues Leben berichten, schreiben, wie gut alles lief, welche Reisen ich in die Welt unternahm, die ihm verschlossen blieb. Ich wollte ihn nicht neidisch machen oder unzufrieden mit seinem Leben. Vielleicht hätte ein gegenseitiger Besuch geholfen. Aber er durfte nicht zu mir und ich erst recht nicht zu ihm. Im Lauf der Zeit brach der Kontakt ganz ab. Aber vergessen habe ich Peter nie. Er war mein Schutz und eine wichtige Stütze im dramatischsten Abschnitt meines Lebens, der mich am tiefsten geprägt hat.

Mein Abitur legte ich im Sommer 1982 ab. Es folgte mein Wehrdienst bei der Luftwaffe, danach begann ich mein Journalistik-Studium in Dortmund. Während dieser Zeit arbeitete ich schon als freier Mitarbeiter für Zeitungen, den Hörfunk und das Fernsehen.

Das brachte mir nicht nur wichtige und wertvolle Erfahrungen für meinen späteren Beruf, sondern ich verdiente so gut, dass ich damit mein Studium finanzieren und meine Eltern finanziell entlasten konnte. Das Ende meines Studiums fiel mit der »Wende« und dem Zusammenbruch der DDR zusammen. Nun durfte ich auch wieder in die damals noch existierende DDR fahren, um meine Freunde und die Orte meine Kindheit und Jugend zu besuchen. Es waren wunderbare, unvergessliche und bewegende Momente des Wiedersehens nach so langer Zeit der Trennung. Bis dahin hatte ich immer wieder Besuchsanträge gestellt oder von meinen Freunden aus Bischofswerda stellen lassen. Diese wurden von den DDR-Behörden mit sturer Regelmäßigkeit über mehr als zehn Jahre abgelehnt.

Ich nutzte damals die historisch einmalige Gelegenheit dieser turbulenten Umbruchszeit, um meine Diplomarbeit über die »Sächsische Zeitung« in Dresden zu schreiben. In dieser Zeit des politischen Wandels begleitete ich das ehemalige »Zentralorgan der SED im Bezirk Dresden« und dessen Mitarbeiter auf dem Weg von einem planwirtschaftlichen in ein privatwirtschaftliches Medienunternehmen. Die Arbeit erschien unter dem Titel »Politische Wende und die Presse in der früheren DDR. Versuch einer Analyse am Beispiel der

›Sächsischen Zeitung‹ unter besonderer Berücksichtigung historischer Entwicklungen«.

Mit der Friedlichen Revolution kamen auch viele Missstände in der DDR ans Tageslicht. Ein Politmagazin beschäftigte sich damals u. a. mit den Zuständen im Chemiekombinat Bitterfeld und dem Einsatz von Strafgefangenen. So erfuhr ich nach so vielen Jahren, dass der gesamte Betriebsteil des Aluminiumwerks sehr stark mit Quecksilber belastet war. Davon hatten wir Strafgefangenen natürlich keine Ahnung. Wir bewegten uns Tag für Tag, Woche für Woche in dieser toxischen Vorhölle und atmeten die gefährlichen Dämpfe ein. Die Werte lagen um ein Vielfaches höher, als es damals selbst in der DDR tolerierbar war. Mindestens zwei Lagerinsassen, die in der Gießerei/Presserei gearbeitet hatten, waren an Quecksilbervergiftung gestorben, so der Bericht. Das war allerdings kurz nach meiner Zeit dort geschehen. Auch über die Machenschaften der Stasi wurde viel berichtet. Ich erfuhr, dass die Stasi für besonders entschlossene Gegner der DDR eine perfide Methode anwandte. Sie führte Scheinexekutionen mit Platzpatronen durch. Auch wenn es nicht vergleichbar war, erinnerte mich das an die Stasi-Herren nach der Brandkatastrophe. Im übertragenen Sinne hatte die Stasi damals auch mit mir eine Art Scheinexekution durchgeführt, nur unter Bitterfelder Bedingungen. Anstelle von Platzpatronen nutzten sie eine maßlose Anschuldigung, um mich zu brechen. Seit dem Brand damals beschäftigte mich die Frage, was die Stasi damals mit mir vorhatte und warum. Ich wollte wissen, warum am Ende nichts von dem passiert war, was sie mir angedroht hatten. Leider ergab die Suche beim Bundesbeauftragten für die Unterlagen des Staatssicherheitsdienstes der DDR nur, dass über mich vereinzelte Aktenvermerke vorhanden sind. Vom Rest meiner Stasi-Akte ist nichts mehr aufzufinden. Man sagte mir, sie seien vermutlich gesondert vernichtet worden, weil ich zu den freigekauften politischen Häftlingen gehörte. Ich hoffte, in diesen Akten Antworten auf meine Fragen zu finden. Wie es aussieht, bleiben mir nur

Vermutungen und Spekulationen über das, was damals hinter den Kulissen lief.

Nach meiner Freilassung aus der DDR-Haft in die Bundesrepublik Deutschland bin ich immer wieder gefragt worden, warum ich diesen Weg gegangen sei. Meine Antwort ist immer die gleiche: Ich wollte mein Leben selbst in die Hand nehmen und frei darüber bestimmen. Als nächste Frage folgt dann meist, ob es sich gelohnt habe oder ob ich es jemals bereut hätte, das alles auf mich genommen zu haben. »Ja«, antworte ich bis heute, es hat sich gelohnt und »Nein«, ich habe es nie bereut.

Bereut hätte ich nur das Gegenteil. Ich war 17, wollte studieren und Journalist werden, die Welt kennenlernen und bereisen. Ich wollte frei leben und mich frei informieren. Das alles habe ich erreicht und noch viel mehr. Ich bekam die Möglichkeit, sechs Jahre in den USA zu leben. Das wäre mir ohne meine Gegenwehr in der DDR nicht möglich gewesen. Dass die DDR zehn Jahre nach meinem Freikauf politisch, wirtschaftlich und sozial implodieren würde, war zum Zeitpunkt meiner Ausreise überhaupt nicht absehbar, ja, nicht einmal vorstellbar. Ich hatte zehn wichtige Jahre meines Lebens gewonnen. Jahre, in denen ich mich frei weiterentwickeln konnte. Das hat mich stark und selbstbewusst gemacht für meinen weiteren Lebensweg. Dafür lohnt sich jeder Kampf und sei er noch so hart.

Während der Zeit im Gefängnis der DDR habe ich zwar Erfahrungen machen müssen, die ich mir zuvor niemals hatte vorstellen können oder gar gewünscht hätte. Doch seit damals habe ich verstanden: Freiheit ist kein Privileg oder ein Geschenk. Sie ist ein Gewinn! Ein Gewinn, der erkämpft und verteidigt werden muss.

Nachtrag: Mein Treffen mit Peter

Nachdem ich die Arbeit an dem Manuskript zu diesem Buch beendet hatte, erhielt ich eine E-Mail. Sie kam vom *Lern- und Gedenkort Kaßberg e.V.* Dr. Steffi Lehmann, die wissenschaftliche Mitarbeiterin des Vereins, teilte mir mit, dass sich Peter bei ihr gemeldet hätte. Auch hätte sie schon mit ihm telefoniert.

Wie kam Peter auf den Kaßberg e.V.? Ganz einfach, Anfang Oktober 2019 hatte mich der Verein als Zeitzeuge zu einer Veranstaltung nach Chemnitz eingeladen. Darüber berichteten örtliche Medien. Durch Zufall hatte Peter meinen Namen in diesem Zusammenhang im Internet entdeckt. Er kontaktierte daraufhin den Verein in Chemnitz und Steffi Lehmann leitete seine Kontaktdaten direkt an mich weiter. Dann ging alles ganz schnell.

Nach dem ersten schriftlichen Kontakt telefonierten Peter und ich schon am nächsten Tag miteinander. Ich erkannte seine Stimme sofort wieder. Eine Woche danach saß Peter im Zug von Leipzig nach Dortmund. Ich holte ihn an einem Samstagmittag am Hauptbahnhof ab. Es war ein sonniger, aber auch sehr kühler Novembertag.

Mit der ersten Minute unseres Wiedersehens verstanden wir uns prächtig. Fast 14.800 Tage waren vergangen, seit wir in Bitterfeld getrennt wurden und ich auf Transport nach Karl-Marx-Stadt ging. Über 40 Jahre war das her, mehr als ein halbes Leben. Doch es fühlte sich nicht so an. Alles war vertraut.

Während wir uns unterhielten, wurde mir schnell klar, dass Peters Lebensweg seit damals unendlich steinig gewesen war. Nach seiner Entlassung aus dem Straflager Bitterfeld im Herbst 1979 war er kurz vor Weihnachten 1981 erneut verhaftet und verurteilt worden. Diesmal wegen Diebstahl sozialistischen Eigentums, Hehlerei und asozialen Verhaltens. Er erhielt zwei Jahre und zehn Monate, die er in Waldheim voll absaß. Es war seine letzte von insgesamt fünf Haftstrafen in der

Wiedersehen mit Peter nach über 40 Jahren.

DDR und überhaupt in seinem Leben. Viele seiner Straftaten hingen wohl auch mit Alkoholexzessen und -abhängigkeit zusammen, wie er mir gegenüber offen gestand. Aber auch ohne Gefängnis und ohne weitere Gesetzeskonflikte hatte Peter mit Schicksalsschlägen zu kämpfen: Scheidung, Schlaganfall, Krebserkrankung und immer wieder Rückfälle beim Alkohol. Peter fiel wieder und wieder hin. Aber er kam auch immer wieder auf die Beine und zum Glück einmal mehr als er hinfiel.

Heute ist er glücklich verheiratet, hat fünf Kinder und zwölf Enkel, über deren Geburtstage er mittlerweile die Übersicht verloren habe, wie er mir augenzwinkernd erzählte. Auch ist er seit mittlerweile 20 Jahren trocken.

Während der Gespräche an diesem Wochenende wurde mir einmal mehr klar, unterschiedlicher hätten unsere beiden Lebenswege nicht verlaufen können. Und: Ohne Bitterfeld hätten sie sich wohl nicht gekreuzt. Ohne Bitterfeld wären wir nie Freunde fürs Leben geworden. Mir war es damals egal, was er getan hatte und warum er in Bitterfeld saß. Für mich zählte nur, wer Peter für mich war, welche Rolle er für mich in dem Straflager spielte. Das gilt bis heute.

Peter musste einen harten Lebensweg gehen – in mancher Hinsicht war dieser viel härter als meiner. Er ist ihn gegangen. Er hat ihn durch- und bestanden, ist nicht daran zerbrochen. Dafür hat er meinen vollen Respekt.

Wir waren in Bitterfeld Freunde geworden und sind es noch immer.

Kaßberg Gefängnis
Lernen und Gedenken

Ein Lernort für Demokratie

Seit seiner Gründung im Jahr 2011 setzt sich der Chemnitzer Verein *Lern- und Gedenkort Kaßberg-Gefängnis e. V.* dafür ein, auf dem Gelände der einst größten MfS-Untersuchungshaftanstalt und zentralen Durchgangsstation für die freigekauften Häftlinge eine Gedenkstätte einzurichten.

Die Vereinsmitglieder, darunter auch Zeitzeuginnen und Zeitzeugen, engagieren sich ehrenamtlich mit Führungen vor Ort und bei Veranstaltungen außerhalb. Seit April 2017 gibt es an der einstigen Außenmauer der Haftanstalt einen Gedenkort, der die Geschichte der Haftstätte erzählt und Biografien von im Kaßberg-Gefängnis inhaftierten politisch Verfolgten vorstellt.

Das Kaßberg-Gefängnis hat eine lange Geschichte. Jede Epoche steht dabei für sich selbst. Im Nationalsozialismus war es zentraler Tatort der Entrechtung politisch Andersdenkender und rassenideologisch Verfolgter. Auch in der Zeit der sowjetischen Besatzungsherrschaft und während der SED-Diktatur wurden politisch Verfolgte auf dem Kaßberg inhaftiert. Für sie alle war die Haftanstalt das »Tor zur Hölle«. Für die mehr als 30.000 politischen Häftlinge, die von 1963 bis 1989 von der Bundesregierung

Blick auf die Open-Air-Ausstellung von der Kaßbergstraße.

über das Kaßberg-Gefängnis freigekauft wurden, bedeutete es das »Tor zur Freiheit«.

Diese in Deutschland und Europa einmalige Geschichte des Häftlingsfreikaufes soll im Zentrum der geplanten Gedenkstätte stehen. Als außerschulischer Lernort möchte die Gedenkstätte fundiertes Wissen über die zwei deutschen Diktaturen vermitteln und jungen Menschen den Wert einer rechtsstaatlichen demokratischen Gesellschaftsform verdeutlichen.

Seit Dezember 2018 erfolgen auf dem ehemaligen Gefängnisgelände Baumaßnahmen. Führungen sind vorerst nicht möglich. Der Gedenkort an der Außenmauer ist weiterhin frei zugänglich. Auch organisiert der Verein regelmäßig Veranstaltungen mit Kooperationspartnern. Auf der Homepage www.gedenkort-kassberg.de finden Sie aktuelle Hinweise, detaillierte Informationen zur Geschichte des Hauses und Zeitzeugenporträts. Auch ist dort der Film »Das Kaßberg-Gefängnis und seine Gesichter« abrufbar. Wenn Sie als Zeitzeuge Kontakt zum Verein aufnehmen möchten, wenden Sie sich bitte an:

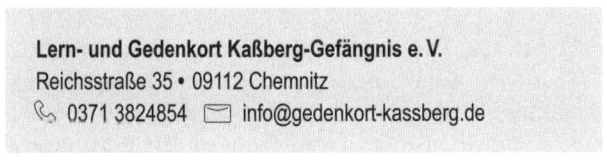

Lern- und Gedenkort Kaßberg-Gefängnis e. V.
Reichsstraße 35 • 09112 Chemnitz
☎ 0371 3824854   ✉ info@gedenkort-kassberg.de

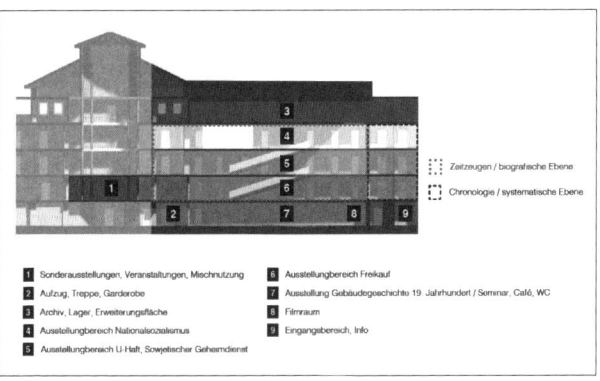

Planung der künftigen Ausstellung im B-Flügel im Querschnitt.

Falk Mrázek, Jahrgang 1960, wächst in Bischofswerda auf. 1975 stellen seine Eltern einen Ausreiseantrag. Ihm wird daraufhin der Zugang zum Abitur verwehrt. 1978 nimmt er eine demonstrative Grenzverletzung am Brandenburger Tor vor, um schneller in den Westen zu kommen. Er wird daraufhin zu 14 Monaten Haft verurteilt und muss unter lebensgefährlichen Bedingungen Zwangsarbeit in Bitterfeld leisten. 1979 wird er freigekauft. Er geht nach Köln, wo er sein Abitur nachholt. 1984 nimmt er in Dortmund ein Studium der Journalistik auf. 1991 begleitet er die Sächsische Zeitung in der Wendezeit und schreibt darüber seine Diplomarbeit. Seit Mitte der 1990er Jahre ist er als Redakteur und Reporter tätig. Ihn zieht es in die USA, wo er für das Auswärtige Amt arbeitet. Seit 2019 lebt er wieder in Deutschland.